Avi Shaked

PLUS GRAND EST LE
RISQUE

L'ascension improbable d'un chef d'entreprise
international et d'un artisan de la paix israélien

À ma femme, Dalia, et nos enfants, Eyal, Michal et Ori,
avec beaucoup d'amour et de reconnaissance.

À mes merveilleux parents, Rina et Yossef,
qui ont consacré leur vie à leurs enfants.
Ils ont rempli nos vies de joie et m'ont appris à rêver grand,
à aimer ma famille, à prendre des risques et à travailler dur.
À eux deux,
je leur suis éternellement reconnaissant.
Qu'ils reposent en paix.

À Ahuva, avec amour et gratitude pour ton
aide inestimable auprès des enfants.

Et à mon cher frère, Aaron, dont l'esprit créatif m'a permis
d'arriver là où je suis aujourd'hui.
Qu'il repose en paix.

TABLE DES MATIÈRES

NOTES DE L'AUTEUR

Que pourriez-vous faire avec un milliard de dollars ?

La meilleure question est peut-être de savoir ce que vous ne *pourriez pas* faire.

Sans sourciller, vous pourriez acheter une flotte d'avions privés ou de yachts de luxe, acquérir plusieurs maisons somptueuses à travers le monde, engager une armée de femmes de ménage, de chauffeurs, de cuisiniers et de jardiniers, manger tous les soirs dans les meilleurs restaurants ou séjourner dans des hôtels de luxe dont les suites sont équipées de robinets de baignoire en or. Vous pouvez vous adonner à un mode de vie totalement ostentatoire sans craindre de manquer d'argent. Il s'agit d'un privilège réservé à une poignée de personnes, les plus riches de la planète.

Oui, les milliardaires ont un choix presque infini devant eux. J'en sais quelque chose.

Qu'ai-je décidé de faire de mon argent ?

J'ai offert un milliard de dollars à un parfait inconnu.

Cela vous paraît fou ?

Peut-être. Mais cela ne m'a pas arrêté. En tant que juif israélien vivant à Tel Aviv, j'avais de bonnes raisons.

L'étranger s'appelait Ahmed Yousef et était un Arabe palestinien. Lorsque je lui ai offert cet argent en 2006, j'avais 53 ans. Bien que nous ne nous soyons jamais rencontrés face à face, j'ai appris que Yousef, qui avait alors cinquante-huit ans, était né dans un camp de réfugiés de la bande de Gaza et était diplômé de l'université Columbia de New York. Il était conseiller principal du premier ministre de Gaza de l'époque, Ismail Haniyeh, qui allait plus tard gravir les échelons du Hamas, le groupe militant islamiste qui gouverne la bande de Gaza, et être assassiné en 2024. Il m'a fallu des semaines pour retrouver le numéro de téléphone de Yousef, mais le 10 mai 2006, je l'ai finalement appelé pour me présenter et lui demander quelques minutes de son temps. Il était prêt à m'écouter.

— Nous savons tous deux que des enfants israéliens et palestiniens innocents meurent chaque jour, ai-je commencé. Le seul moyen d'arrêter l'effusion de sang est que les dirigeants du Hamas et d'Israël s'assoient ensemble et parviennent à un accord pour mettre fin à ce conflit.

— J'écoute, a répondu Yousef.

J'ai pris une grande inspiration et j'ai fait mon offre.

— Je donnerai 100 millions de dollars au Hamas si le Premier ministre Ismail Haniyeh rencontre le Premier ministre Ehud Olmert, et 900 millions de dollars supplémentaires s'ils signent un accord de paix.

Comme on pouvait s'y attendre, il y a eu un long moment de silence après ma présentation initiale. J'ai attendu que Yousef examine ma proposition audacieuse, tout en réfléchissant à la fenêtre unique qui s'était récemment ouverte pour les pourparlers de paix. Je venais de me retirer de la gestion quotidienne de mon entreprise et je me présentais à la Knesset, le parlement israélien, en tant que membre du parti travailliste. J'avais donc le temps de me concentrer sur cette question importante. En outre, en septembre 2005, Israël avait achevé son retrait de la bande de Gaza. Mais le Premier ministre Ariel Sharon, qui avait supervisé cette initiative, avait été victime d'un accident vasculaire cérébral en janvier 2006, et un autre homme politique de haut rang, Ehud Olmert, avait été prié de prendre temporairement la relève. Aucune négociation de paix entre Israël et la Palestine n'a eu lieu pendant les cinq années de mandat d'Ariel Sharon. En fait, le retrait visait à améliorer la sécurité et le statut international d'Israël en l'absence de négociations de paix. Lorsque Olmert a prononcé son premier grand discours politique le 24 janvier 2006, il a déclaré au peuple israélien et au monde entier qu'il soutenait la création d'un État palestinien. C'était une déclaration audacieuse et controversée, que j'ai soutenue. Une fenêtre avait été ouverte et lorsque Olmert est devenu officiellement le premier ministre par intérim en avril 2006, j'ai commencé à chercher le numéro de téléphone de Yousef.

Je comprenais parfaitement le silence de Yousef. Qui ne serait pas sceptique face à un inconnu qui lui offre un milliard de dollars ? Mais j'avais besoin qu'il comprenne que ma proposition était légitime et que j'avais l'argent pour la financer. Mes intentions étaient sincères. Je voulais la paix.

— Je peux offrir des garanties internationales pour l'argent et je suis prêt à signer des contrats contraignants, ai-je expliqué, avant d'ajouter : Pensez à ce que cet argent pourrait faire pour votre peuple.

La plupart des Palestiniens, à l'époque comme aujourd'hui, vivent dans une extrême pauvreté. J'ai donc suggéré que l'argent soit placé dans un fonds d'investissement destiné à créer des industries palestiniennes, à financer des projets d'infrastructure et à construire des logements à bas prix. J'ai dit à Yousef que je voulais donner l'argent au peuple palestinien pour qu'il puisse développer une économie florissante et en bénéficier.

Il était persuadé que j'avais perdu la tête et m'a posé des dizaines de questions.

« D'où vient cet argent, M. Shaked ? »

« Quelle est votre profession ? »

« Quelles sont vos tendances politiques ? »

« Pourquoi vous intéressez-vous à la paix entre Israéliens et Palestiniens ? »

J'ai répondu à toutes les questions du mieux que j'ai pu, car l'enjeu était de taille. Je devais gagner sa confiance. Je lui ai raconté comment j'avais fait fortune en tant qu'entrepreneur, en faisant de ma société de jeux d'argent en ligne, 888 Casino, une puissance mondiale avec mon frère aîné, Aaron, et deux autres partenaires. Je lui ai dit que je n'avais jamais considéré l'argent comme une fin, mais seulement comme un moyen, et que je voulais mettre ma fortune au service de la paix au Moyen-Orient. Je lui ai rappelé que j'avais contribué sans relâche, aux côtés de nombreux Israéliens et Palestiniens, à l'initiative de Genève, qui avait été signée trois ans plus tôt, en 2003. Cette initiative proposait une solution globale pour mettre fin au conflit entre nos deux peuples. Après une conversation d'une dizaine de minutes, Yousef a promis de me recontacter et nous avons mis fin à notre appel.

Je n'ai plus jamais entendu parler de lui.

La seule mention de mon offre qui ait jamais fait surface se trouve dans une interview que Yousef a accordée à la chaîne de télévision Al-Aqsa du Hamas. Il a déclaré que rien ne persuaderait le Hamas d'accepter des négociations susceptibles de compromettre les principes de l'organisation.

— Tout n'est pas à vendre, a-t-il déclaré à son interlocuteur. Nous ne pouvons pas être achetés.

Alors que je suis assis ici en 2025, que j'écris et que je me remémore ces événements si lointains, il est facile de se laisser envahir par la tristesse. Plus d'un an s'est écoulé depuis l'attaque du Hamas contre Israël, le 7 octobre 2023, qui a ravivé la guerre avec la Palestine, laquelle continue de s'étendre au Moyen-Orient. À l'heure où j'écris ces lignes, près de quarante-cinq mille personnes ont été tuées dans plusieurs pays, la plupart d'entre elles étant des Palestiniens. Je ne peux m'empêcher de regretter toutes les occasions manquées et tous les moments d'espoir non réalisés qui auraient pu mettre un terme à l'immense douleur et à la souffrance humaine causées par ce conflit vieux de soixante-seize ans.

Aurons-nous un jour le courage et la force de le faire cesser ?

Tant les Palestiniens que les Israéliens dressent des obstacles à la paix. Il ne s'agit pas d'un problème unilatéral. Mais en tant qu'éternel optimiste qui, comme le reste du monde, lutte contre les horreurs quotidiennes et déchirantes du conflit actuel, je refuse toujours d'abandonner l'espoir. Abandonner la quête de la paix est insondable. Il faut considérer l'alternative, qui est nettement mieux que violence actuelle. Je continuerai à me battre pour la paix au Moyen-Orient jusqu'à la fin de ma vie, parce que je crois encore que c'est possible.

J'ai peut-être éveillé votre intérêt. Peut-être vous demandez-vous *qui est cet homme qui a essayé de donner un milliard de dollars à un inconnu pour obtenir la paix ?* Je vais partager mon histoire dans l'espoir de vous inspirer et de vous montrer que la vraie richesse est bien plus que de l'argent ; il s'agit d'utiliser l'argent pour rendre le monde meilleur.

Voyez-vous, lorsque j'ai atteint la quarantaine, j'avais observé l'édifice de l'argent pour ce qu'il était : le bon, le mauvais et le laid. Du côté positif, j'avais vu la richesse rendre possible l'impossible dans l'espace entrepreneurial et par le biais de dons caritatifs. C'était extraordinaire d'en être témoin. Du côté négatif, j'ai vu l'argent ruiner des vies autrefois magnifiques. J'ai commencé à me demander si notre conception de la richesse n'était pas rétrograde. Ce n'étaient pas les gens qui possédaient l'argent, mais plutôt l'argent qui possédait les gens. C'est ainsi que, jeune homme en quête de succès, je me suis dit que si je devais un jour gagner de l'argent, je ne me perdrais pas dans les paillettes et le glamour. Au lieu de cela, j'utiliserais mon argent pour déclencher un changement dans le monde. Je manipulerais mon argent, au lieu que ce soit lui qui me manipule.

À l'âge de cinquante ans, mon entreprise rapportait des millions presque chaque jour. Oui, chaque jour ! C'était plus d'argent que je n'aurais jamais pu l'imaginer, et certainement bien plus que ce dont j'aurais besoin ou que je pourrais dépenser. Je voulais en faire quelque chose de plus utile que de me remplir les poches. J'étais béni, et je voulais le faire fructifier. J'ai toujours pensé que l'argent pouvait être un moyen de résoudre la plupart des problèmes dans le monde, et j'étais maintenant en mesure de contribuer à cela. Mais lorsque les gens entendent parler de la croissance de mon entreprise et de mon immense richesse, ils sont généralement plus intéressés par les « secrets de ma réussite » que par la façon dont je mets mon argent au service de la planète. Commençons donc par mes secrets.

Je dis généralement aux gens que je n'ai pas de secrets de réussite, mais ce n'est pas tout à fait vrai. J'en ai quelques-uns. Tout d'abord, j'ai toujours cru que je réussirais, et c'est ce qui est arrivé. Croire est nécessaire à la réussite. Trop de gens doutent d'eux-mêmes. Le doute de soi brise les rêves. Vous ne pouvez pas réaliser ce que vous ne croyez pas, alors croyez de tout cœur en vous et en votre vision. Deuxièmement, le chemin de la réussite est souvent très long. Elle exige beaucoup de travail, de détermination et d'endurance. Ce ne sont peut-être pas les concepts les plus excitants, mais ils ont joué un rôle important dans ma réussite. Je travaille dur et je joue sur le long terme. Lorsque je me heurte à un obstacle, et j'en ai rencontré de gros, je trouve un moyen de le contourner. Lorsque je trébuche, je me relève, je me dépoussière, j'explore ce qu'il y a à apprendre et je continue à aller de l'avant. Cela renforce la résilience, qui est cruciale pour la réussite. Enfin, mon dernier secret est la joie. Trouvez de la joie dans le voyage. Le succès n'est pas une destination, c'est un état d'esprit. Embrassez le voyage et trouvez de la joie et de la sagesse dans ses hauts et ses bas. Je n'ai jamais été motivé par le désir d'argent. C'est le plaisir authentique que j'éprouve lorsque je développe de nouvelles idées et que je les vois se concrétiser qui me fait sortir du lit le matin Croyance, travail acharné, détermination, endurance, résilience et joie : il s'agit peut-être d'une boîte à outils peu conventionnelle, mais elle m'a bien servi.

J'ai hérité de ces croyances et de ces caractéristiques de ma famille, et même de plusieurs générations de ma famille. Vous voyez, mon parcours de réussite n'a pas commencé avec moi. Ces « secrets de réussite » viennent de mes parents et de leur famille élargie, de leurs parents et de leur famille élargie, et même de leurs parents et de leur famille élargie. Mon histoire commence il y a bien longtemps, loin de l'Israël moderne. C'est une histoire de débuts modestes, de grands rêves, d'amour de la famille, de risques qui changent la vie et de travail acharné. J'espère que vous l'apprécierez.

Avi Shaked

1

La première grande surface au monde

Selon la tradition familiale, mon arrière-grand-père Hershele Mendel était l'exemple même du travail acharné et de la persévérance. Au début du XXe siècle, il vivait dans la ville de Molodakov, située à la frontière entre l'Empire austro-hongrois et la Russie tsariste, dans ce qui est aujourd'hui l'Ukraine occidentale, mais qui faisait alors partie de la Pologne. À l'époque, les Juifs étaient surtout des artisans qui vendaient leurs produits. Tel aurait pu être le destin de Hershele Mendel, mais il voulait plus pour sa famille. Avec le peu d'argent dont il disposait, il a loué une épicerie à un non-Juif, ce qui était inhabituel à l'époque. Il l'a fait pour réaliser quelque chose d'encore plus inhabituel : créer ce qui aurait pu être la première grande surface au monde. C'est peut-être un peu exagéré, mais il vendait bien plus que des produits d'épicerie. Les clients pouvaient acheter du kérosène, des allumettes, des matériaux de construction, du tissu et bien d'autres choses encore. Le magasin était ouvert de l'aube jusqu'à la tombée de la nuit pour que les clients puissent faire leurs achats quand ils en avaient besoin. Hershele servait lui-même les clients et sa réputation d'honnête homme d'affaires s'est largement répandue. En conséquence, sa clientèle, composée essentiellement de non-Juifs, s'élargit rapidement.

Lorsque le magasin est devenu rentable, il a pris un peu d'argent et s'est assuré des droits de pêche auprès d'un des propriétaires terriens locaux dont la propriété longeait la rivière de la ville. Cela lui a permis de pêcher et de vendre du poisson frais dans le magasin. Tout ce que faisait Hershele était guidé par sa foi profonde. Juif ultra-orthodoxe, mon arrière-grand-père arrêtait tout ce qu'il faisait, même si c'était important, lorsqu'il était temps d'aller à la synagogue. Beaucoup roulaient des yeux lorsqu'il partait brusquement pour les services de prière, mais personne ne disait un mot. Tout le monde respectait la façon dont Hershele Mendel vivait sa vie.

Quelques années après l'ouverture de son magasin, une délégation de propriétaires terriens locaux lui ont demandé de construire et d'exploiter une meunerie pour la ville. « Tous les autres meuniers sont des tricheurs », ont-ils dit à mon arrière-grand-père. « Vous, vous êtes un homme honnête ». Mon arrière-grand-père a donc construit une meunerie et l'a gérée avec la même honnêteté et la même intégrité que son magasin. En fait, une fois, lorsqu'il a découvert que les ouvriers de la meunerie n'avaient pas moulu le blé comme ils étaient censés le faire, il a refusé de payer la mouture. Avec le temps, il a embauché des employés fiables et travailleurs, comme lui. La qualité et le prix de la production de sa meunerie étaient inégalés, attirant non seulement les riches de la ville, mais aussi une grande partie de la paysannerie de la région. Tout le monde était traité avec respect et équité. Les histoires de mon arrière-grand-père étaient légendaires dans ma famille et transmises d'une génération à l'autre. C'est ainsi que nous avons appris à distinguer le bien du mal et que nous avons commencé à comprendre à quoi ressemblait une vie réussie et intègre.

Alors que ses affaires continuaient de prospérer, Hershele a commencé à louer des champs pour y cultiver son propre blé pour la meunerie. Les habitants de la région le voyaient galoper sur le dos de son cheval rouan le long des routes de campagne, son ample manteau et son épaisse barbe volant au vent alors qu'il se précipitait entre ses différentes entreprises. Parfois, ces déplacements l'obligeaient à se rendre dans une autre ville, et il s'absentait alors plusieurs jours. Dans ces moments-là, il ne mangeait que du pain et buvait de l'eau. Que Dieu lui épargne de mettre dans sa bouche quelque chose de non casher. La loi juive l'interdisait et cela allait à l'encontre de sa foi.

Son fils, Avrum Baruch, mon grand-père, s'est installé dans une ville voisine appelée Bilozerka et n'était pas moins travailleur que son père. Après le décès de Hershele, Avrum a hérité de la meunerie et l'a dirigée, il a loué les champs et s'est fait une réputation d'homme d'affaires honnête et juste. Avrum est également devenu un arbitre régional respecté qui a acquis la réputation de ne jamais faire de favoritisme. Il n'hésitait pas à se prononcer contre un ancien client si la justice l'exigeait. Bien qu'il n'ait jamais étudié dans une salle de classe, Avrum connaissait bien les mathématiques et les sciences et calculait tous ses comptes à l'aide d'un crayon bien taillé et d'un petit carnet.

Comme son père, Avrum était un juif pratiquant et il a envoyé ses trois filles et ses six fils étudier dans les écoles juives des villes voisines. Il voulait que ses enfants bénéficient de son expérience, assument des responsabilités et suivent ses traces. Il emmenait souvent ses enfants plus âgés avec lui au travail pour qu'ils puissent le voir négocier avec d'autres marchands, et il leur permettait même parfois de s'essayer à ces négociations. Mes oncles aidaient leur père à la meunerie, tandis que mes tantes étaient envoyées au recouvrement des dettes. Lorsque mon père, Yoseph, rentrait de l'école, son père lui confiait un grand chariot rempli de foin. Yoseph était chargé de se rendre sur les marchés des grandes villes et de vendre le tout. Il recevait des instructions explicites sur la somme d'argent à exiger dès le départ et sur le montant qu'il pouvait escompter au cours du processus de négociation. Ces voyages étaient longs et dangereux. Les bandits de grand chemin attaquaient souvent les marchands sur le chemin du retour. Heureusement, mon père n'a pas été visé. Apparemment, les voleurs ne pouvaient pas imaginer qu'un si jeune garçon puisse transporter une grosse somme d'argent, alors que mon père le faisait souvent.

Lorsque Yoseph rentrait à la maison après une vente réussie, il recevait une tape de félicitations sur l'épaule de la part de mon grand-père ainsi qu'une modeste récompense financière. Mais lorsqu'il revenait les mains vides, mon grand-père ne criait jamais. Il disait simplement : « Apprends de ces expériences, Yoseph. Comprends pourquoi tu as échoué et essaie de ne pas répéter les mêmes erreurs à l'avenir. »

Grâce au style d'éducation d'Avrum, tous ses enfants, y compris mon père, étaient très fiables et matures à un jeune âge. « Nous sommes nés adultes », m'a dit un jour l'une de mes tantes lors d'une réunion de famille. « Père nous a confié de grandes responsabilités et nous nous sommes efforcés de ne pas le décevoir ».

Comme son père avant lui, Avrum Baruch est devenu un homme d'affaires prospère. Il a compris que le but de l'argent n'était pas seulement de se remplir les poches. Il voulait aussi aider les gens. Même dans sa propre maison, située dans la rue principale de la ville, il réservait une pièce pour nourrir les pauvres et une autre pour abriter les voyageurs qui n'avaient pas d'endroit où loger. Chaque vendredi, mon grand-père distribuait de la nourriture aux pauvres. Avrum payait également les frais de subsistance du rabbin local et de sa famille. « L'argent va et vient », disait mon grand-père, « mais le mérite de la charité est éternel ».

Mon grand-père était très respecté par les Juifs et les non-Juifs. Mais peut-être à cause de sa popularité, il a été la cible de groupes antisémites qui causaient des ennuis aux Juifs chaque fois qu'ils le pouvaient. C'était pendant la Première Guerre mondiale, alors que l'antisémitisme gagnait du terrain en Europe de l'Est. La famille de mon grand-père a certainement été touchée par ces changements culturels. Une fois, des groupes antisémites ont pris mon grand-père pour cible lors d'un rassemblement public houleux. Les leaders ont tenté d'inciter les personnes présentes à attaquer Avrum et à chasser sa famille de la ville. Ils affirmaient qu'Avrum s'était enrichi aux dépens des pauvres de la ville, ce qui était manifestement faux. Mon grand-père a mené une vie modeste et a toujours rendu service à sa communauté. Heureusement, de nombreux partisans d'Avrum étaient présents et ont rapidement pris sa défense. En faisant connaître à la foule leur opposition aux idées des organisateurs du rassemblement, ils ont calmé tout le monde. Malheureusement, ce rassemblement était le signe d'un problème qui se préparait. La vie d'Avrum et des autres Juifs de la région se détériore rapidement.

Par une nuit d'hiver 1918, un groupe de cosaques semi-nomades est entré à cheval dans la ville et s'est dirigé directement vers la maison de mon grand-père. Avrum s'est barricadé avec sa famille à l'intérieur et a armé tout le monde de triques, s'attendant au pire. Une fois de plus, les partisans et les voisins sont venus à leur rescousse. Armés de haches, ils ont encerclé la maison et empêché les cosaques de mettre leur plan à exécution. Malheureusement, les troubles ont continué. Mon père et ses frères et sœurs ont été harcelés. Il y a même eu un incident au cours duquel un de mes oncles s'est fait enfoncer dans la bouche un morceau de jambon dégoulinant de graisse. Il s'agissait bien sûr d'une violation de la Loi mosaïque du judaïsme, qui interdit aux Juifs de manger du porc. C'était une attaque humiliante et flagrante contre nos croyances.

Mon grand-père s'est demandé s'il était temps de partir. Un tel départ signifierait non seulement sacrifier l'entreprise familiale prospère, mais aussi abandonner le seul endroit où lui et sa famille se sentaient chez eux. Avant qu'il n'ait pu prendre une décision, un groupe de vandales a mis le feu à son silo à grains dans une ville voisine. On dit que les flammes ont illuminé toute la région. Ses amis sont venus de près et de loin pour l'aider, mais le feu était incontrôlable. Mon grand-père a pleuré lorsqu'il a vu le feu s'approcher de la meunerie voisine, la réduisant en cendres en quelques heures. Le poste de police local ne comptait qu'un seul policier. Après avoir vu de quoi ce groupe de vandales était capable, il a avoué qu'il était trop effrayé pour partir à la recherche des incendiaires, et encore moins pour contribuer à leur poursuite.

L'incendie a porté un coup sévère aux revenus et à l'état d'esprit de mon grand-père. Sa santé en a souffert et sa motivation a été brisée. Sa femme, Feyga, s'est tournée vers leur premier-né, Moshe, pour lui demander de l'aide. Moshe n'avait que seize ans à l'époque, mais il était déjà considéré comme un leader parmi les jeunes juifs de la ville. Il avait créé une branche du Pionnier, un mouvement sioniste de la jeunesse juive, et rassemblé des dizaines de jeunes qui voyaient leur avenir dans la Terre d'Israël, terme utilisé dans la tradition juive pour désigner la terre promise aux Israélites dans la Bible. En outre, Moshe a vu les entreprises de sa famille prises pour cible par des voyous antisémites et a eu la clairvoyance de louer une grande parcelle de terre et d'y planter des betteraves sucrières. Utilisant des techniques de culture révolutionnaires à l'époque, il a répandu de ses propres mains des bouses de vache autour du champ. Il ne se souciait pas que les habitants de la ville se moquent de lui parce qu'il essayait de gagner de l'argent avec du fumier. Ses jeunes frères ont été recrutés pour l'aider et ont travaillé de longues heures à ses côtés. Lorsqu'ils rentraient à la maison, celle-ci était envahie par une forte odeur de fumier. Mais les efforts ont porté leurs fruits. La récolte a été abondante et Moshe a vendu les betteraves à une sucrerie voisine. Cela lui a donné l'argent nécessaire pour louer d'autres parcelles de terre et planter davantage de betteraves sucrières. Suivant l'exemple de Moshe, les membres des Pionniers ont également loué un champ et l'ont utilisé pour s'initier à l'agriculture. De nombreux membres parlaient de partir pour la Terre d'Israël. L'argent rentrait à nouveau et la situation financière de la famille s'améliorait, mais Moshe prévoyait que l'antisémitisme dans la région ne ferait que croître et que les Juifs de la ville seraient victimes de persécutions.

Mon oncle Moshe a suggéré qu'il était peut-être temps de déménager la famille. Bien qu'il ait lui-même envisagé cette solution après avoir perdu ses silos à grains, mon grand-père Hershele a mal réagi à cette idée. Il pensait que la famille ne serait pas en mesure de gagner sa vie dans ce nouveau pays. Mais Moshé n'a pas renoncé, et finalement mon grand-père a dit qu'il laisserait la décision entre les mains du rabbin local.

Le rabbin a donc écouté attentivement le dilemme de mon grand-père et lui a conseillé : « Laisse ton fils partir. Une fois qu'il se sera établi en Terre d'Israël, toi et ta famille pourrez le rejoindre ».

Moshe n'avait que vingt ans lorsqu'il est parti pour Israël. Il a acheté un faux passeport pour pouvoir partir rapidement, car la Première Guerre mondiale battait son plein et les jeunes hommes étaient enrôlés dans les forces armées polonaises pour combattre. Mes grands-parents l'ont accompagné en train jusqu'au port d'Odessa, aujourd'hui en Ukraine. Là, on lui a donné quelques pièces d'or et on lui a souhaité bonne chance. Alors que Moshe embarquait sur un bateau à destination de la ville portuaire israélienne de Jaffa, il s'est retourné pour saluer ses parents et regarder tout ce qu'il connaissait s'évanouir lentement dans le lointain.

Lorsque Moshé est arrivé à Jaffa, un charretier arabe l'a conduit à Givat Hashlosha, un kibboutz où vivaient déjà certains de ses amis. Un kibboutz est généralement un petit groupement agricole où les familles mettent en commun leurs ressources et partagent les bénéfices. La nuit suivant son arrivée, à la lumière d'une bougie, il a écrit la lettre suivante à sa famille restée au pays :

Avec l'aide de Dieu, je suis maintenant en Terre d'Israël, la joie de mon âme et le sommet de mes rêves. Je suis arrivé au kibboutz en voyageant en chariot sur des chemins que l'on peut difficilement qualifier de routes. J'ai reçu un lit dans une tente. Je n'arrivais pas à dormir de la nuit à cause des moustiques qui me piquaient et des hurlements des animaux appelés chacals qui sortaient des champs et s'approchaient de nous pendant la nuit. Ma journée commençait par une tranche de pain sec, quelques olives et du thé amer. Ensuite, ils m'ont fait travailler à l'enlèvement de pierres dans un champ. J'ai les mains entaillées et coupées, mon dos est dans un état déplorable, mais mon cœur s'envole. Je suis enfin en Terre d'Israël, en train de construire la terre que Dieu a donnée à nos ancêtres. Ma plume s'épuiserait à décrire à quel point vous me manquez. J'espère et je prie pour que le jour ne soit pas loin où vous serez tous à mes côtés.

2

La terre plutôt que l'argent

L'oncle Moshe a grandi et a connu une grande réussite ;
c'est l'un de mes modèles préférés. Il était fort, déterminé,
audacieux, non conventionnel et prompt à prendre des
décisions. Il avait une expérience de la vie inépuisable et
réussissait dans de nombreux domaines. Dès mon plus jeune
âge, j'ai étudié sa réussite, déterminé à la reproduire un jour.
J'ai lu tous les articles publiés sur lui et ses entreprises dans
les journaux. J'ai écouté attentivement toutes les histoires
de famille racontées à son sujet. C'était l'homme sur lequel
j'allais modeler ma propre vie. Je sentais que l'oncle Moshe
était une âme sœur. Il était agité et toujours à la recherche
de nouveaux défis à relever, tout comme moi. Grâce à l'oncle
Moshe, j'ai appris ce qu'était le risque et la récompense. Il
prenait de gros risques, qui se traduisaient souvent par de
grosses récompenses. Cela m'a beaucoup impressionné.

Le séjour de mon oncle au kibboutz Givat Hashlosha a
été assez bref. Il a trouvé que la routine abrutissante, les rares
possibilités d'emploi et la structure sociale oppressive n'étaient
pas à son goût. Il souhaitait davantage de développement
personnel, d'innovation, de liberté et de progrès que ce que le

kibboutz pouvait lui offrir. Un jour, il a rassemblé ses quelques affaires et est parti pour une ville appelée Petah Tikva, fondée à la fin des années 1870. Il y a loué une chambre dans la maison d'une famille locale et a commencé à travailler dans la construction. Il travaillait jour après jour, du lever au coucher du soleil, portant des matériaux de construction sur son dos et gagnant à peine de quoi soutenir son corps et son âme. Au bout de quelques semaines, il a commencé à chercher une source de revenus plus lucrative et a entendu dire par les habitants qu'il était possible de gagner beaucoup d'argent en creusant des puits. Dans la ville en expansion de Petah Tikva, la demande de puits et de creuseurs de puits ne cessait de croître. Mais les travailleurs étaient réticents à accepter ces emplois parce que le processus était physiquement rigoureux et dangereux. N'oubliez pas qu'à l'époque, il n'y avait pas de machines modernes. Chaque puits était creusé à la main. Et plus le puits était profond, plus le risque que la personne qui creuse soit tué par un effondrement soudain était élevé. Malheureusement, de tels effondrements n'étaient pas rares et se soldaient généralement par des pertes de vie ou des blessures graves. L'oncle Moshe était parfaitement conscient du risque, mais les salaires élevés étaient trop tentants pour qu'il les laisse passer. Il a donc affronté les risques de plein fouet. Engagé par un creuseur de puits professionnel, il a débuté comme simple ouvrier. Armé d'une pioche et d'une bêche, il s'est enfoncé dans des puits dont les parois en terre étaient soutenues par des poutres en bois. Il ne s'est arrêté pas de creuser tant qu'il n'a pas trouvé de l'eau. Ses mains sont devenues calleuses. Toute la journée, il recevait du sable et de la terre dans les yeux et la bouche. Le soir, il se couchait, épuisé et souffrant. Au bout d'un certain temps, il a contracté la malaria et est resté au lit, délirant pendant plusieurs jours, jusqu'à ce que sa fièvre tombe. Il écrivait souvent à ses parents, qui lui répondaient qu'ils priaient pour sa santé et son bien-être, et pour le moment où ils seraient réunis en Terre d'Israël.

L'oncle Moshe m'a dit un jour qu'il n'avait jamais entrepris de creuser un puits sans avoir étudié les forces et les faiblesses du site. La composition du sol était particulièrement importante pour déterminer la solidité des poutres de soutien qui le protégeaient d'un effondrement potentiellement mortel. Il a également étudié la proximité des secours en cas de catastrophe. Son approche méticuleuse lui a valu la réputation d'être l'un des creuseurs de puits les plus professionnels et les plus recherchés de tout le pays. Son esprit était rempli d'idées sur la manière d'améliorer et de raccourcir le processus de creusement des puits. Il a mis en place plusieurs innovations, a réduit le temps nécessaire au creusement d'un puits et a permis à ses employeurs d'économiser beaucoup d'argent. En conséquence, les gens devaient souvent attendre des semaines avant que son emploi du temps très chargé ne se libère. Inévitablement, Moshe était prêt pour des choses plus grandes et meilleures et est devenu entrepreneur indépendant dans le creusement de puits. Grâce à sa réputation, il a rapidement développé son activité, employant ses propres ouvriers et améliorant le creusement des puits en général. Une grande partie de l'argent qu'il gagnait était mise de côté pour payer l'éventuelle émigration de sa famille de Pologne.

Le véritable tournant de sa carrière a lieu en 1928, lorsqu'un groupe d'investisseurs, parmi lesquels des pionniers sionistes et des habitants de diverses colonies agricoles, a acheté les terres d'Umm Khaled avec le projet de construire la ville de Netanya. Ils voulaient planter des agrumes et vivre de la vente des fruits. Ils ont demandé à Moshe et à ses ouvriers de creuser plusieurs puits sur le site. C'était le plus gros contrat que mon oncle ait décroché depuis qu'il était devenu entrepreneur indépendant. Moshe a reçu la moitié du paiement à l'avance, la seconde moitié lui étant promise à l'achèvement du travail. Il a terminé le travail dans les délais, mais lorsqu'il a demandé le reste du paiement, on lui a dit que les investisseurs n'avaient plus d'argent. Ils lui ont suggéré d'attendre qu'ils obtiennent plus d'argent, mais il a décliné leur offre. Les colons ont par la suite organisé une réunion pour discuter du problème.

Ils ont échangé des idées sur la manière d'obtenir l'argent, mais Moshé a fini par suggérer : « Pourquoi ne pas me donner quelques parcelles de terre au lieu de l'argent ? »

C'était une offre équitable et les colons disposaient de nombreuses terres qu'ils avaient achetées à bas prix. En fait, ils ne savaient pas quoi en faire. Mon oncle a reçu plusieurs douzaines de parcelles d'un quart d'acre pour couvrir sa dette. À l'époque, cette négociation n'était pas jugée comme étant brillante. Netanya n'était rien d'autre que des dunes de sable. Personne ne pensait qu'il était possible d'y construire un centre de population. Mais mon oncle n'avait pas le choix . S'il avait intenté une action en justice pour récupérer la dette, il n'aurait toujours pas pu obtenir gain de cause, car ils n'avaient pas les moyens de payer. Au moins, avec le terrain, il aurait quelque chose à montrer pour tout son dur labeur.

Il était loin de se douter que ces parcelles de terre allaient marquer un tournant dans sa vie.

Mon oncle aurait pu faire l'une des trois choses suivantes : vendre le terrain à un prix inférieur à sa valeur, le garder comme investissement à long terme, ou prendre un risque et construire sur le terrain pour en augmenter la valeur. Il a choisi la troisième option. Aujourd'hui, Netanya est une belle station balnéaire méditerranéenne prospère qui compte près de 250 000 habitants. Elle se trouve à une trentaine de kilomètres au nord de la plus grande ville d'Israël, Tel Aviv, et de nombreuses personnes s'y rendent pour passer leurs vacances au bord de la mer et profiter des plages immaculées de la ville.

Cette terre a été une étape fondamentale pour Moshe Mendel, qui avait changé son nom de famille pour le nom hébreu de Shaked, qui signifie « amande » et se traduit également par « mandel » en hébreu. Il a commencé à construire des maisons dans les dunes de sable en face de la plage, loin des bâtiments érigés par les premiers colons. Les gens se moquaient de lui parce qu'il construisait si loin des autres, disant qu'il ne pourrait jamais vendre de maisons si près du rivage. Les gens l'avertissaient que la corrosion due à l'air salin détruirait tout ce qu'il voyait, mais il n'en tenait pas compte. Il a toujours été un pionnier doté d'une vision claire, et le succès aime les visionnaires. Mais il lui a fallu de nombreuses années de prise de risque, d'investissement et de travail acharné pour faire de sa vision une réalité.

Moshe a conçu la première maison qu'il a construite pour lui et sa femme, Hadassah, qu'il avait rencontrée en Israël. Il s'agissait d'un simple deux-pièces, sans plâtre ni peinture, car la majeure partie de l'argent qu'il gagnait était envoyée à sa famille en Pologne. Le scepticisme initial de son père s'est estompé et il était désormais impatient de monter sur la passerelle du bateau qui l'emmènerait vers la Terre promise. Le fils aîné d'Avrum avait réussi ce qu'il n'avait jamais osé imaginer et il était impatient d'en être le témoin. Malheureusement, il n'a pas pu réaliser ce rêve. À la fin de Yom Kippour, en 1933, mon grand-père, Avrum Baruch, s'est effondré et est décédé. Quelques semaines plus tard, le reste de la famille s'est embarqué pour Israël à bord du *Pollonia*. Après leur arrivée, tous les membres de la famille se sont entassés dans la petite maison de Moshe, dormant à même le sol et mangeant à tour de rôle parce qu'il n'y avait pas de place pour tout le monde à la petite table. Dès qu'il a terminé la construction de quelques immeubles en copropriété, Moshe les a confiés à sa famille. C'est là que mes parents allaient commencer leur vie et leur famille.

3

Le carrosse doré d'un roi

Je ne suis pas né dans l'argent. Mon père a commencé à travailler pour mon oncle Moshe dès son arrivée en Israël. Au début, mon père était un simple ouvrier. Plus tard, il a obtenu son permis de conduire et a commencé à transporter des matériaux de construction sur les chantiers de son frère aîné. Lorsque la Seconde Guerre mondiale a éclaté, mon père, alors âgé de vingt-cinq ans, s'est engagé dans l'armée britannique et a servi comme chauffeur de camion en Libye et en Italie.

« Une fois que j'ai commencé à conduire ce camion, je n'ai eu qu'un seul but dans la vie », m'a-t-il dit un jour en se remémorant ses souvenirs, « celui d'avoir mon propre camion ». Pendant son service militaire, il s'est concentré sur la réalisation de ce rêve. Sa maigre solde était divisée en deux parties : la moitié était envoyée à ses frères et sœurs à Netanya, et l'autre moitié était économisée pour son camion. Pendant toute sa carrière militaire, il ne s'est jamais rendu dans les cantines de l'armée pour acheter des cigarettes, des boissons ou des en-cas. « Lorsque tu as un objectif », m'a-t-il dit plus tard, « concentre-toi dessus de toutes tes forces. N'oublie pas que les rayons du soleil ne peuvent pas allumer un feu s'ils ne sont pas concentrés sur une cible ».

Lorsqu'il est rentré chez lui après la guerre, il a compté ses économies et a trouvé assez d'argent pour verser un acompte sur le camion de ses rêves. Le solde a fait l'objet d'un plan de paiement. C'était un énorme camion Mack avec un capot orné d'un bouledogue, le seul camion de ce type dans toute la ville. Mon père s'y promenait comme un roi dans un carrosse doré. Les cheveux noirs et les épaules larges, il appuyait son avant-bras musclé sur la fenêtre ouverte et roulait dans les rues de la ville en profitant de tous les regards envieux qui lui étaient lancés.

Au cours d'une de ses promenades, il a aperçu une jeune femme, une nouvelle immigrante qui attendait à l'arrêt de bus. Il s'est présenté et lui a demandé son nom. « Rina », a-t-elle répondu avec modestie. Elle avait vingt-deux ans et était la fille d'un dentiste polonais. Elle avait vécu l'enfer avant d'arriver en Israël. Les nazis avaient assassiné sa mère et sa sœur. Son père et elle avaient été contraints de s'enfuir en Hongrie et avaient été emprisonnés pour être entrés illégalement dans le pays. Envoyés dans un camp de travail allemand, son père soignait les dents des soldats et elle lavait les sols des maisons des commandants du camp. Heureusement, ils ont survécu à la guerre et ont finalement pu se rendre en Israël. Le jour où ils se sont rencontrés, mon père a proposé à Rina de monter dans son camion et ils ont rapidement commencé à se fréquenter. Au début, son père était fermement opposé à cette union. « Ce n'est qu'un chauffeur de camion », a-t-il dit à sa fille. « Rien de bon ne sortira de lui ». Mais Rina a insisté. Elle et mon père étaient amoureux et, quelques mois plus tard, ils se sont retrouvés sous le dais du mariage juif.

Oncle Moshe a continué à donner beaucoup de travail à mon père. Les économies réalisées grâce aux premiers revenus de mon père lui ont permis d'acheter un appartement dans la rue Harav Kook à Netanya. La vie du jeune couple était heureuse et sans complications. Ils sont devenus parents en 1950, avec la naissance de mon frère aîné, Aaron. J'ai suivi en 1953. D'une manière ou d'une autre, nous nous sommes tous entassés dans un simple appartement de trois pièces situé au troisième étage, avec une cuisine minuscule, un petit salon et une chambre à coucher. Nos meubles avaient été achetés au rabais et nous ne pouvions pas profiter de notre minuscule balcon, car il faisait office d'espace de stockage officieux. Mes parents se sont contentés de peu. Ils dormaient dans le salon, transformant le canapé en lit tous les soirs. Aaron et moi partagions la chambre à coucher. Nos seuls objets de luxe étaient un phonographe et une petite collection de disques classiques, que ma mère adorait. La musique et les livres étaient son premier et véritable amour.

Même si nous vivions à l'étroit, la vie était belle. Mais à l'âge de six mois, j'ai contracté la polio. Mon père a puisé dans ses maigres économies pour m'offrir le meilleur traitement médical possible. Mon médecin était le Dr Haim Sheba, qui a donné son nom au plus grand centre médical d'Israël, le Centre médical Sheba. Il a dit à mes parents qu'il n'avait jamais vu un bébé malade se battre autant pour sa vie. Heureusement, je suis sorti de l'hôpital en parfaite santé. Par la suite, mon père a fait de généreuses donations annuelles à des associations d'aide aux enfants malades, même lorsque l'argent était rare au début, ce qui était souvent le cas.

Lorsque j'étais enfant, mes parents avaient clairement délimité les rôles traditionnels du mari et de la femme. Notre père s'occupait de gagner sa vie et notre mère gérait le foyer et les enfants. Notre appartement ne disposait d'aucune des commodités modernes d'aujourd'hui. Il n'y avait ni lave-vaisselle, ni lave-linge, ni sèche-linge. La propreté de la maison et de notre famille était un travail très physique pour ma mère. Une fois par semaine, à l'aube, elle descendait dans la cour de l'immeuble pour faire la lessive dans une énorme cuve d'eau chaude, chauffée par un réchaud de camping. Une fois nos vêtements nettoyés et rincés, elle les suspendait sur des cordes pour les faire sécher. Nos vêtements sentaient toujours l'air frais de la mer et les pins qui poussaient dans la cour, un endroit spécial car c'est aussi là que nous organisions nos fêtes d'anniversaire.

Ma mère était frugale et travailleuse, mais aussi très instruite. Elle parlait plusieurs langues, jouait du piano et lisait de nombreux livres, parfois dans d'autres langues. C'était une mère formidable, aimante et attentionnée. Elle n'élevait jamais la voix. Elle n'avait qu'un seul défaut : elle insistait pour que nous ne mangions que des aliments sains. Il y avait toujours des fruits et des légumes dans nos assiettes. Le poulet frit, les frites et les fromages gras dont j'avais envie n'ont jamais été servis à notre table, bien qu'ils soient des aliments de base dans la plupart des foyers israéliens. Je devais me rendre discrètement chez mes amis pour me faire plaisir. Bien que nous n'ayons pas apprécié les bienfaits de son approche pour la santé lorsque nous étions jeunes, je lui reconnais le mérite d'avoir été en avance sur son temps en matière de bonne nutrition.

Pendant que ma mère veillait attentivement sur nous, l'entreprise de transport de matériaux de construction de mon père continuait à se développer, en grande partie grâce à l'oncle Moshe, qui demandait à mon père de transporter beaucoup de matériaux de construction et, plus tard, de suivre des projets de construction pour lui. Mon père était également très efficace, frugal et pratique. Par exemple, il ne sortait jamais le camion sans avoir des plaques de tôle pour dégager le véhicule du sable ou de la boue, de sorte qu'il n'avait jamais besoin d'appeler une dépanneuse. Les réparations du camion n'étaient effectuées que le jour du sabbat, jamais lors d'un jour ouvrable. Il prenait généralement ses repas en conduisant pour gagner du temps et de l'argent.

À la maison, on nous a appris à être tout aussi frugaux et pratiques. Même si les finances de la famille se sont considérablement améliorées, nous ne sommes jamais allés au restaurant ni n'avons voyagé loin pour les vacances. Mon père a continué à conduire une Fiat bon marché, et ma mère n'a pas voulu qu'il lui achète une voiture. L'oncle Moshe m'a peut-être appris que les grands risques mènent aux grandes récompenses, mais mes parents m'ont appris à être reconnaissant pour les petites choses de la vie. À travers les yeux de mes parents, j'ai pu voir que les choix quotidiens que nous faisons sont souvent aussi puissants que les grands risques que nous prenons, parfois même plus puissants. Avec le temps, les petits sacrifices portent leurs fruits. J'ai pris la sagesse de mes parents à cœur, même lorsque j'étais jeune. Une fois par semaine, j'allais en ville avec mes amis pour m'amuser. Ils mangeaient des glaces alors que je ne prenais qu'un soda, qui coûtait moins cher. Même à l'époque, j'écoutais les conseils de mes parents et j'étais déterminé à économiser la majeure partie de mon argent. Et si j'oubliais l'importance de gagner sa vie, on me le rappelait rapidement. Un jour, j'ai osé demander à mon père de me donner plus d'argent de poche. Il m'a répondu sèchement : « Travaille et gagne de l'argent. Dans la vie, il n'y a pas de repas gratuit ».

Même s'il n'était pas du genre à me donner de l'argent, mon père était toujours prêt à m'enseigner des compétences professionnelles. Il me laissait parfois l'accompagner lors de ses visites sur les chantiers de construction, lorsqu'il vérifiait l'état d'avancement des projets de l'oncle Moshe. Une fois, il m'a demandé d'évaluer le site et de lui fournir un rapport sur l'état d'avancement des travaux. J'étais ravi.

— Les électriciens sont déjà au quatrième étage ! ai-je fièrement rapporté à mon père.

— Et le plâtre ? a demandé mon père. Qu'en est-il du plâtre ?

Pourquoi n'ai-je pas pensé à demander ? me suis-je dit en regardant le sol, gêné. Je suis retourné sur le chantier et j'ai regardé de plus près tout ce qui s'y passait.

— Les plâtriers sont au troisième étage, ai-je répondu, attendant un compliment.

— Et le revêtement de sol, Avi ?

— Oh, ai-je dit en baissant les bras. J'ai oublié de regarder.

Mon père m'a lancé un regard frustré.

— Laisse-moi t'enseigner une règle importante dans la vie. Quand tu vérifies quelque chose, fais attention à *tous les* détails. Ne néglige rien, car ce que tu négliges pourrait changer la situation dans son ensemble.

J'ai compris et, aujourd'hui encore, je peux visualiser le revêtement de sol, les plombiers, les plâtriers, les peintres et la déception de mon père lorsque je n'ai pas réussi à lui donner une vue d'ensemble. « Cela ne se reproduira plus », lui avais-je promis ce jour-là, et cela ne s'est jamais reproduit. Bien qu'il n'ait pas étudié la géométrie ou la gestion d'entreprise dans une salle de classe, mon père était un apprenant vorace, qui apprenait tout au long de sa vie. S'il avait besoin de comprendre quelque chose, il l'apprenait sur le tas. Les importantes leçons de vie qu'il m'a enseignées résonnent à chaque fois que je me penche sur une nouvelle entreprise.

Certains de mes premiers souvenirs sont ceux de mon père partant au travail dans son camion à trois heures du matin. Il arrivait à la maison bien après le crépuscule, totalement épuisé. Un jour, j'ai entendu notre mère lui demander de se calmer. Elle craignait que son rythme effréné ne le conduise à l'hôpital. Notre père l'a écoutée tranquillement, puis il a dit : « Certaines personnes restent à la maison et attendent que le succès leur tombe dessus. Mais le succès est comme un lapin, il zigzague et saute. Si tu ne le poursuis pas, tu ne l'attraperas jamais ». Il voulait réussir de toutes ses forces et consacrait la majeure partie de son énergie à la réalisation de ce rêve. Ce rêve brûlait en lui comme un feu. Il m'en parlait tout le temps, même quand j'étais petit. « L'argent, disait-il, permet de réaliser les rêves, c'est donc important d'en avoir. Pour l'avoir, il faut soit naître riche, soit se tuer à la tâche. Je ne suis pas né riche, Avi. Toi non plus. Alors, nous devons tous les deux nous tuer pour réussir ».

Une fois, alors que j'étais un peu plus âgé, il m'a emmené avec lui dans son cher camion Mack. La nuit était exceptionnellement chaude et sèche, ce qui rendait la respiration difficile. N'oubliez pas qu'à l'époque, il n'y avait pas d'air conditionné et que nous voyagions donc avec les fenêtres ouvertes, un vent brûlant nous frappant au visage. Bien que trempé de sueur, mon père ne s'est jamais plaint. Ce n'était pas sa façon de faire. Rien n'allait l'empêcher d'être le premier camion à arriver à la carrière de Rosh Ha'ayin, une petite ville située à une quarantaine de minutes de Netanya. Là, nous avons pris un chargement de gravats et l'avons déversé sur un chantier de construction à plus d'une heure au nord, à Hadera, juste au moment où les ouvriers arrivaient au travail. Ensuite, nous avons voyagé deux heures vers le sud jusqu'aux dunes de sable d'Ashkelon, où nous avons utilisé nos pelles pour charger le camion de sable. Ensuite, nous avons roulé encore une heure vers le sud jusqu'à Be'er Sheva pour le décharger. Sur la route, nous avons mangé des sandwiches au beurre de cacahuètes et à la confiture préparés par ma mère et bu du thé chaud dans le vieux thermos de mon père.

— Pourquoi est-ce que tu travailles si dur, papa ?

Mon père a souri en regardant la route.

— Un jour, j'ai posé la même question à mon père, Avrum Baruch, et il m'a répondu qu'il avait réussi parce qu'il n'avait jamais cessé de travailler.

Le message était simple : travailler très dur, croire et persévérer, et le succès viendra. Outre l'impressionnante prise de risque de l'oncle Moshe, la vision directe de mon père a façonné ma vision du monde. À son tour, l'état d'esprit de mon père a été façonné par l'approche similaire de son père en matière de travail et de vie. C'est ainsi que ce message simple et limpide sur la façon de réaliser ses rêves a été transmis de génération en génération dans ma famille.

4

Mes premiers projets

Lorsque j'étais adolescent, je pensais que les seuls risques que je prendrais seraient ceux d'être pompier. À l'époque, j'étais un membre actif des jeunes sapeurs-pompiers du service d'incendie de Netanya. Notre troupe s'entraînait deux fois par semaine pour aider les pompiers de la ville à éteindre les incendies. Je rêvais de grandir et de devenir pompier. J'aimais l'excitation, la tension, les camions de pompiers qui fonçaient dans les rues avec leurs gyrophares et leurs sirènes hurlantes. J'aimais l'idée des défis associés à l'extinction des incendies et au sauvetage des personnes piégées dans les flammes et la fumée. Chaque fois que j'enfilais le casque de pompier lors de mes exercices avec la brigade, je ressentais une excitation et un sentiment d'utilité sans pareils.

Un jour, un pompier expérimenté et moi-même sommes partis dans un petit camion de pompiers pour éteindre un feu de broussailles dans un champ ouvert à côté de l'un des vieux quartiers résidentiels de la ville. À notre arrivée, nous nous sommes rendu compte que l'incendie était plus important que nous le pensions. Les flammes faisaient rage sans être maîtrisées et menaçaient de se propager aux maisons voisines.

Des personnes effrayées avaient déjà abandonné leurs maisons, serrant dans leurs mains des paquets d'objets qu'elles avaient attrapés en sortant. Les femmes hurlaient de peur et les enfants hurlaient d'impuissance.

Le pompier a rapidement appelé les secours sur sa radio bidirectionnelle et s'est précipité en direction des véhicules qui arrivaient pour coordonner les efforts de lutte contre l'incendie. Je suis resté seul. J'ai regardé les flammes approcher avec une anxiété croissante et j'ai soudain réalisé qu'elles avaient atteint notre véhicule et qu'elles l'encerclaient. Il était clair que, dans quelques instants, il ne resterait plus rien du véhicule ni de moi. À quinze ans, je ne m'étais jamais assis sur le siège du conducteur d'une voiture, mais j'avais vu comment mon père démarrait son camion et changeait les vitesses. À ce moment terrifiant, j'ai décidé que cela suffirait. Je devais soit abandonner le camion de pompiers et courir à pied à travers les flammes, soit conduire le véhicule à travers les flammes. Je me suis glissé dans le siège du conducteur et j'ai immédiatement réalisé que le tableau de bord ressemblait plus au cockpit d'un avion qu'au camion de mon père. Néanmoins, il y avait un levier de vitesse, un volant et deux pédales pour accélérer ou freiner. Lorsque j'ai démarré le moteur et que j'ai passé la vitesse, les flammes avaient déjà commencé à lécher le capot. J'ai appuyé sur l'accélérateur et j'ai traversé un mur de feu, sauvant le véhicule et moi-même. Lorsque j'ai repris mon souffle et que j'ai regardé en arrière, j'ai réalisé que j'avais fait le bon choix. À pied, je n'aurais jamais réussi à franchir le mur de flammes sans subir des brûlures mortelles, voire pire.

Soixante jours plus tard, les pompiers m'ont remis un certificat d'appréciation. Le commandant en chef des pompiers de la ville, qui m'a remis le certificat lui-même, a déclaré que ce jour-là, j'avais officiellement rejoint l'armée des pompiers en tant que soldat régulier. En écoutant son discours, ma poitrine s'est gonflée de fierté et de joie. Je savais que j'avais trouvé mon destin. À quinze ans, j'ai commencé à travailler sur les chantiers de construction de l'oncle Moshe pendant les vacances scolaires, comme les autres enfants de ma famille. Notre examen d'entrée consistait à retirer des clous de planches de bois utilisées pour fabriquer des moules à béton. Il s'agissait d'une tâche dangereuse et éprouvante pour les nerfs, qui entraînait le plus souvent des blessures. Je rentrais souvent à la maison avec des égratignures et des saignements, mais avec le temps, ma technique s'est améliorée et j'ai réussi l'épreuve des clous.

J'ai ensuite été promu assistant monteur d'échafaudages. Mon père était très fier. Après avoir reçu mon premier salaire, j'ai fait une liste de toutes les choses que je voulais : une radio à transistors, un ballon de football et du matériel de pêche. Mais mon père m'a emmené avec l'argent à la banque, où nous avons ouvert un compte d'épargne à mon nom. Nous y avons déposé tout ce que j'avais gagné. Il voulait que je sache qu'il ne devait pas rester un centime dans ma poche pour des achats futiles.

À ma grande joie, le compte d'épargne s'est rapidement gonflé. Avant les vacances, mon oncle m'envoyait livrer des fleurs à des clients importants et à des employés municipaux. Je faisais également des livraisons pour un magasin d'alcool local et je cueillais des oranges. Pendant la saison des campagnes politiques, je distribuais des prospectus et gagnais de l'argent supplémentaire. Je récupérais les vieux journaux de tous mes proches et les vendais aux poissonneries de la ville. Tout ce que je gagnais allait sur mon compte d'épargne. Dès mon plus jeune âge, j'ai compris que l'argent était l'expression de la réussite. Je rêvais qu'un jour je ferais de grandes affaires et gagnerais beaucoup d'argent comme l'oncle Moshe.

— Tu es sur la bonne voie, m'a dit mon père lorsqu'il a vu le relevé du compte bancaire un an plus tard. N'oublie pas que tu auras plus de facilité dans la vie si les gens savent que tu as de l'argent en poche. Bien que je n'aie jamais oublié ce conseil, mes expériences plus tard dans la vie m'ont appris que c'est souvent plus compliqué que cela. J'ai lancé certains projets sans un sou et j'ai gagné beaucoup d'argent, tandis que j'en ai lancé d'autres avec un financement important, pour tout perdre au final.

Lorsque nous ne travaillions pas, mes amis et moi construisions des caisses à savon et les faisions dévaler toutes les collines de Netanya. Nous ramassions du bois pour les feux de joie annuels de Lag Ba'omer au printemps, en essayant toujours de faire en sorte que notre feu soit le plus grand. Nous allions danser le vendredi soir sur la place de l'Indépendance, près de la plage. J'ai fait du surf, j'ai cueilli des figues de Barbarie sur les palissades autour du village d'Um Khaled, me plantant dans des épines douloureuses, et j'ai parcouru de grandes distances sur le vélo que j'avais reçu pour ma Bar Mitzvah. J'avais beaucoup d'amis. Nous sortions ensemble, faisions des randonnées et partagions nos rêves.

La vie n'était pas aussi agréable à l'école, que je n'aimais pas. Je ne participais activement qu'aux cours de mathématiques et de sciences, ignorant toutes les autres matières parce qu'elles m'ennuyaient. Je faisais le strict minimum, je trichais aux examens et je filais à la plage. Mon professeur principal appelait souvent ma mère pour lui dire que je me relâchais et que je n'étais pas à la hauteur de mon potentiel. Ma mère ne m'a jamais reproché d'avoir des notes inférieures à celles de mes camarades de classe. « La chose la plus importante pour moi, Avi, c'est que tu deviennes un *mensch* », m'a-t-elle dit, en faisant référence à une personne intègre et honorable. J'ai souvent pensé à mon père, qui avait réussi bien qu'il n'ait jamais reçu d'éducation formelle. Il avait appris tout seul les mathématiques, l'anglais et les sciences et, comme son père, il excellait dans les calculs précis sans calculatrice. Lorsque nous étions sur un chantier, il pouvait regarder une parcelle de terrain et en estimer la taille, le pourcentage qui obtiendrait un permis de construire, le coût de la construction et le bénéfice escompté avec une précision stupéfiante. Mon sentiment était que si mon père pouvait accomplir tout cela sans être assis dans une salle de classe, à s'ennuyer à mourir, alors je pouvais le faire aussi.

Certains de mes professeurs semblaient d'accord.

Juste avant la fin de l'école primaire, le psychologue scolaire s'est rendu sur place pour faire passer des tests de placement destinés à évaluer les forces personnelles et à donner une orientation professionnelle aux jeunes de quatorze ans qui allaient bientôt être diplômés. Après avoir passé le test, le psychologue m'a convoqué pour discuter de mon avenir. « Tes tests, Avi Shaked, montrent que tu es apte au travail industriel, au travail manuel. Nous te suggérons d'envisager cette orientation professionnelle ». Cela a été un moment décisif pour moi, car ce n'était pas l'avenir que j'envisageais pour moi. Je n'étais peut-être pas intéressé par les études, mais j'avais beaucoup de rêves, et s'il fallait pour cela que je m'engage dans une filière universitaire dès le lycée, qu'il en soit ainsi.

Mon père était satisfait de la recommandation du psychologue et voulait m'envoyer dans un lycée professionnel pour étudier la mécanique. Il m'a promis de m'embaucher à la fin de mes études. Il a eu l'air très déçu lorsque je lui ai dit que je préférais aller dans un lycée préparatoire à l'université. Je lui ai fait part de ma conviction qu'une formation universitaire me mènerait à de meilleures places qu'un diplôme de mécanicien. Au grand dam de mon père, j'ai insisté auprès de ma mère pour qu'elle demande à l'oncle Moshe de m'aider à entrer dans le bon lycée malgré mes mauvaises notes. Mon père était persuadé que j'allais y perdre mon temps.

Une fois que je suis entré dans le bon lycée, j'ai découvert que mon sens technique n'était pas mauvais. J'aimais démonter et reconstruire des appareils, construire des karts, réparer le système d'amplification de l'école et faire fonctionner le projecteur de cinéma des scouts. C'est donc tout naturellement que je me suis retrouvé dans la filière maths et sciences plutôt que dans la filière lettres et sciences humaines. À l'époque, il n'y avait que ces deux seules filières au lycée. Heureusement, la chimie me fascinait et je passais de longues heures au laboratoire à apprendre comment les matériaux se forment, ce qui se passe lorsque l'on synthétise différents matériaux, et bien d'autres choses encore. C'est en chimie que j'ai obtenu mes meilleures notes. À la surprise de mes parents et de mon frère aîné, j'ai commencé à prendre mes devoirs au sérieux pour la première fois et j'ai même pris plaisir à les faire.

En dehors de l'école, l'oncle Moshe réunissait tous les frères et sœurs adultes qui travaillaient pour lui le samedi soir afin de planifier la semaine à venir. Parfois, mon père m'emmenait avec lui à ces réunions. Tout le monde s'asseyait autour de la table et participait à la discussion avec les contremaîtres de mon oncle. L'exploitation de l'oncle Moshe était une machine bien huilée, un empire en pleine expansion. Les parcelles de terre qu'il avait achetées lors de son arrivée à Netanya devenaient peu à peu des terrains de grande valeur au centre de la ville. Oncle Moshe a construit des milliers de maisons dans les villes de Netanya, Sderot, Yeruham, Dimona, Tibériade et au-delà. En fait, il construisait sur chaque centimètre carré dont la construction avait été approuvée. « J'aime presser le citron jusqu'à ce que les pépins craquent », avait-il l'habitude de dire. Il était au sommet de cet empire en pleine expansion, mais tous les autres avaient des rôles clairement définis. Mon oncle encourageait ses collaborateurs à exprimer leurs opinions, même si elles étaient opposées aux siennes. De vives discussions avaient lieu autour de la table basse dans le salon de sa maison spacieuse. L'oncle Moshe écoutait attentivement tout le monde et répondait à chaque commentaire.

Dans tout Israël, mon oncle s'est forgé une réputation d'entrepreneur compétent et fiable. Comme son père, il croyait en l'importance de rendre la pareille. Il donnait souvent et généreusement à ceux qui étaient dans le besoin. Ses banques n'hésitaient pas à honorer les bouts de papier sur lesquels il griffonnait des choses telles que : « Veuillez donner à Joe Smith mille lires de mon compte ». Lorsqu'il a été élu maire de Netanya en 1958, il a appris que les employés municipaux étaient prêts à se mettre en grève parce qu'ils n'avaient pas été payés depuis plusieurs mois. Il les a tous ramenés au travail en prêtant à la ville de l'argent de sa poche pour couvrir les dépenses salariales de la municipalité.

L'oncle Moshe Shaked m'aimait comme son propre fils, et grâce à mon père et à mon oncle, j'étais fier de porter le nom de Shaked. Chaque sabbat, à mon retour de la synagogue, l'oncle Moshe me faisait asseoir dans son bureau, me parlait de la portion hebdomadaire de la Torah et me donnait des conseils sur la vie, en utilisant toujours des paraboles anciennes dans ses enseignements. Un jour, il m'a dit : « Un ancien proverbe chinois dit que si tu donnes un poisson à un homme, il mangera ce jour-là, mais que si tu lui apprends à pêcher, il mangera toute sa vie ». Il voulait me montrer comment réussir par moi-même, et c'est ce qu'il a fait. Je lui en serai toujours reconnaissant.

5

Une boîte d'allumettes

En Israël, le service militaire national est obligatoire pour tous les citoyens âgés de plus de dix-huit ans. Lorsque j'ai été appelé pour effectuer mon service obligatoire de trente-six mois en 1971, j'ai été soumis à une série d'évaluations visant à me faire correspondre à un emploi militaire approprié. Tout indiquait que j'avais ma place dans le corps des communications. Aujourd'hui, on l'appelle le Corps C4I, ce qui signifie commandement, contrôle, communications, informatique et renseignement militaire.

Je m'attendais à être envoyé à un cours d'aiguilleur, mais le bureau d'évaluation voulait que je donne un cours d'intendance. Pour me préparer, j'ai appris tout ce qu'il y avait à savoir sur les appareils de communication militaires utilisés, ainsi que sur la manière de gérer les dépôts militaires, de réparer les radios bidirectionnelles et de remplir des formulaires. J'étais un élève enthousiaste, mais pas parce que je jetais les bases d'une carrière dans l'armée. À l'époque, je n'avais encore aucune idée de ce que je voulais faire dans la vie. Mais même à cette époque, une règle régissait ma conduite : étudier chaque sujet à fond, en partant du principe qu'un jour ou l'autre, je bénéficierais au moins d'une partie de ce que j'avais appris.

À la fin de la période de préparation, il était temps pour moi de commencer à former les futurs officiers des transmissions. En ce qui concerne les emplois populaires au sein du Corps des communications, le poste d'officier des communications était loin d'être le plus populaire. Les postes les plus recherchés et les plus respectés étaient ceux qui étaient axés sur l'action sur le terrain. Quatre d'entre nous étaient candidats pour enseigner le cours d'officier des transmissions. Deux d'entre eux ont trouvé toutes sortes d'excuses bidons pour éviter le poste et ont été envoyés en prison militaire pour leurs efforts. Yitzhak Levy et moi-même avons dit que nous le ferions. En cours de route, Yitzhak s'est désisté et je suis resté le seul instructeur.

J'aimais l'idée d'enseigner parce que l'objectif était de transformer les gens en professionnels. C'était un travail important, qui pourrait me servir à l'avenir. Les soldats que j'instruisais étaient censés devenir des officiers des transmissions au niveau du bataillon. Ils devaient connaître, entretenir et fournir environ trois cents radios bidirectionnelles. Ce n'était pas une mince affaire. Pour faire ce travail correctement, il fallait savoir naviguer dans une paperasse opaque, se familiariser avec toute une série d'appareils de communication réguliers et moins réguliers, et être responsable de chacun d'entre eux. Le travail comportait une certaine dose d'ingratitude. Pour mes camarades, je ne faisais que gérer une réserve, alors qu'ils pouvaient se vanter d'activités bien plus passionnantes.

Les exigences de base pour les officiers des transmissions de bataillon étaient peu nombreuses : un diplôme de fin d'études secondaires, un certain sens technique et un certain niveau d'organisation. La plupart des soldats envoyés au cours ne voulaient pas y être, ce qui rendait la tâche de l'instructeur difficile. Bien qu'ils n'osaient pas le dire ouvertement, la plupart des soldats espéraient être recalés. Mais s'ils ne suivaient pas les ordres, ils seraient envoyés en prison. Ils faisaient donc tout ce qu'ils pouvaient pour prendre du retard dans leurs études ou faire semblant d'avoir du mal à comprendre la matière, dans l'espoir d'être renvoyés pour inaptitude. La tâche de l'instructeur n'était donc pas tant d'enseigner à ces hommes que de les motiver à apprendre.

Pour moi, le stage de formation des instructeurs est devenu une leçon inoubliable de compréhension des gens. Mes instructeurs étaient fantastiques. Je me souviens encore de la première leçon. L'instructeur a posé une boîte d'allumettes sur la table et a demandé à chacun d'entre nous de parler de la boîte pendant cinq minutes. Que pourrions-nous dire au sujet d'une boîte d'allumettes pendant cinq minutes entières ? Mais le professeur a insisté. J'ai commencé. J'ai pris la boîte en main et j'ai commencé à parler :

— Voici une boîte d'allumettes. Elle se compose de trois parties : la boîte elle-même, la couverture imprimée et les allumettes à l'intérieur. La couverture est composée de trois parties … Les allumettes sont composées de…

Je me suis laissé emporter et l'un des instructeurs m'a interrompu.

— Le temps est écoulé, Avi.

J'en ai tiré une leçon essentielle : lorsque vous disposez d'un certain temps pour présenter un message, ne le dépassez jamais. De plus, essayez de tout dire en moins de temps qu'il n'en faut pour le dire. Des années plus tard, au cours d'une expérience professionnelle, je me suis souvenu de cette leçon et je n'ai jamais dépassé le temps qui m'était imparti. J'ai toujours planifié à l'avance la façon dont j'allais utiliser mon temps. J'ai également appris que les premières minutes sont les plus importantes dans un discours, une présentation ou une discussion. Si vous n'arrivez pas à intéresser votre public dans les trois premières minutes, c'est une perte de temps que de continuer. Si un étudiant échoue, l'instructeur dit que c'est notre faute, pas la sienne. J'ai appris à expliquer les idées plus efficacement, à éviter les erreurs et à faire en sorte que même mes étudiants les moins intéressés réussissent le test. Je commençais chaque cours par les détails les plus intéressants : les caractéristiques particulières de l'appareil de communication, sa sophistication et les réalisations possibles grâce à celui-ci. Pour illustrer mes propos, j'utilisais toujours des histoires tirées du champ de bataille. Ce n'est qu'après avoir capté leur intérêt que je tentais de passer à ce que le jargon militaire hébraïque appelle « la pente arrière », c'est-à-dire un retrait tactique pour se réarmer et préparer une nouvelle offensive. La règle était la suivante : lorsque vous avez réussi à présenter votre objectif, passez à la pente arrière. Dans une présentation commerciale, cela peut signifier parler d'autres produits sur le marché, de l'étendue de leur utilisation et d'une comparaison avec votre produit, avec ses caractéristiques uniques et révolutionnaires. Tout cela crée un flux. Vos interlocuteurs savent maintenant qu'ils sont en présence de quelque chose de révolutionnaire et sont prêts à vous écouter. Vous êtes alors à mi-chemin de votre objectif. J'ai également donné des conférences d'une voix modulée, tout en me déplaçant constamment dans la salle. Mon langage corporel était intentionnel et j'utilisais des gestes de la main pour souligner des points spécifiques. Je traitais tous mes élèves sur un pied d'égalité, je récompensais les plus coopératifs et je créais des liens solides. Plus tard, beaucoup de mes élèves ont travaillé avec moi sur des projets importants pour lesquels j'avais besoin d'une aide extérieure.

Douze mois après avoir terminé mes cours, j'ai intégré l'école d'officiers où j'ai acquis non seulement mon amour de la communication et des médias, mais aussi mon amour de la gestion. On nous a appris à déléguer des tâches et à administrer des responsabilités, ainsi qu'à suivre l'exécution des tâches que nous avions confiées à nos subordonnés. En plus de maîtriser l'art de parler en public, j'ai commencé à maîtriser l'art de la gestion efficace, deux atouts que j'ai conservés jusqu'à aujourd'hui en tant que chef d'entreprise.

Au début de mon service militaire, il y a eu un jour que je n'oublierai jamais. Je n'étais en service actif que depuis trois semaines lorsque mon commandant m'a appelé pour me demander de me présenter au bureau du colonel. J'étais pétrifié, persuadé que j'avais fait quelque chose qui allait me faire renvoyer de l'armée et me déshonorer, moi et ma famille. La rétrogradation, la cour martiale, l'échec... tous les pires scénarios possibles tournaient dans ma tête tandis que je me dirigeais vers le bureau du colonel. À mon arrivée, il a pris un air sérieux lorsque je l'ai salué et que je me suis mis au garde-à-vous. À ma grande surprise, il m'a demandé de m'asseoir.

— Avi, je suis désolé. J'ai une nouvelle difficile à t'annoncer. Ton oncle est décédé. Je viens de recevoir un télégramme d'un officier de la ville de Netanya m'informant que ses funérailles auront lieu demain. Tu es autorisé à y assister. Nous te reverrons ici dans une semaine.

Je ne me souviens pas de ce que j'ai dit, ni même d'avoir quitté le bureau du colonel. Tout était flou. J'étais en état de choc. *Comment est-ce possible ?* me suis-je demandé. Mon oncle Moshe bien-aimé n'avait que soixante ans. *Que s'est-il passé ?* J'ai appris que mon oncle Moshe avait été victime d'une crise cardiaque et qu'il était décédé à l'hôpital. Tous les souvenirs des moments merveilleux que nous avons passés ensemble me sont revenus en mémoire. Lorsque j'avais dix ans, il passait une heure avec moi chaque samedi après la synagogue. Il me traitait comme son fils et nous étudiions et discutions ensemble des Écritures et des enseignements du judaïsme. C'était un grand honneur qu'il m'ait choisi, et j'aimais être avec lui. Je l'avais admiré toute ma vie. Il était le chef de notre famille élargie. Il avait également été maire de Netanya pendant de nombreuses années, si bien que des dizaines de milliers de personnes ont assisté à ses funérailles. Ma tristesse était profonde et, à bien des égards, le retour à la discipline militaire m'a aidé à surmonter cette période très difficile de ma vie. Aujourd'hui encore, après tant de décennies, l'oncle Moshe me manque.

Deux ans après le début de mon service, en octobre 1973, alors que j'étais sergent, la guerre du Kippour a éclaté entre Israël et une coalition d'États arabes dirigée par l'Égypte et la Syrie. J'ai été envoyé au canal de Suez avec une unité mobile qui écoutait les transmissions de télécommunications ennemies au milieu du conflit. Notre véhicule est resté immobile alors que des bombes explosaient tout autour de nous, nuit et jour, pendant vingt jours d'affilée. C'était terrifiant et nous étions tous persuadés que nous allions mourir. Cette expérience a changé notre vie, et nous avons eu de la chance. Plus de vingt mille Égyptiens, Israéliens et Syriens ont été tués. Pour supprimer le traumatisme, j'ai occulté toute l'expérience. Je ne me souviens de presque rien, si ce n'est du bruit des bombes. Qu'est-ce que cette guerre a apporté ? D'après ce que je pouvais voir, absolument rien. C'est la première fois que j'ai commencé à tout remettre en question et que j'ai conclu que la guerre était inutile et que la paix était précieuse.

6

Pas dans notre famille

Après avoir terminé mon service militaire à l'âge de 21 ans, j'ai décidé de passer les années suivantes à l'université. Comme j'avais excellé en chimie au lycée, j'étais naturellement enclin à poursuivre dans cette matière au niveau universitaire. Cependant, je voulais m'assurer que la chimie déboucherait sur une véritable profession avec un salaire à la clé. L'un de mes cousins était ingénieur chimiste dans une usine fabriquant des graisses et des huiles pour automobiles. Je lui ai demandé de me trouver un emploi d'été dans cette usine, afin que je puisse découvrir la chimie dans le monde réel. J'ai travaillé en laboratoire, principalement sur des tests de qualité et de viscosité, et j'ai adoré chaque minute. Cette expérience m'a confirmé que la chimie était faite pour moi.

Je voulais étudier au Technion, l'équivalent israélien du MIT ou de Caltech, mais je n'ai pas pu y entrer en raison de mes mauvaises notes au lycée. Après avoir été refusé, j'ai posé ma candidature à l'université Ben-Gourion du Néguev. J'ai été accepté à condition de suivre le cours préparatoire de l'université. J'ai passé ces examens et j'ai finalement été admis. À l'automne 1975, j'ai commencé à étudier à la faculté de génie chimique de Be'er Sheva. C'était très difficile. J'ai loué un petit appartement dans le quartier Gimmel de Be'er Sheva avec un colocataire, membre du kibboutz Kfar Aza. Le loyer était inférieur à la moyenne, car la propriétaire se réservait le droit de dormir dans l'appartement quand elle le souhaitait. J'ai exercé différents emplois pour subvenir à mes besoins. Le jour, je donnais des cours particuliers à des enfants en difficulté et la nuit, je travaillais comme agent de sécurité dans un dépôt pétrolier dans le désert. Les week-ends et pendant les vacances, j'aidais mon père sur ses chantiers.

J'ai rencontré Dalia, ma future épouse, en faisant la queue pour utiliser la cabine téléphonique du quartier. Nous étions tous deux en première année d'université, où elle étudiait la biologie, et cela a été le coup de foudre. Après quelques mois, nous avons décidé de nous marier. J'ai amené Dalia à Netanya pour la présenter à mes parents. Je voulais annoncer notre décision de nous marier, mais la maison, comme d'habitude, était remplie de gens : parents, associés et ingénieurs en bâtiment. Dans la cuisine, j'ai annoncé la nouvelle à ma mère qui nous a félicités tous les deux. J'ai ensuite demandé à parler à mon père. Il a eu du mal à chasser tout le monde de la maison, mais nous nous sommes finalement retrouvés seuls dans la chambre à coucher. Lorsque je lui ai annoncé l'heureuse nouvelle, son visage est devenu sérieux et il m'a serré les épaules de ses mains puissantes.

— Le mariage est comme un partenariat commercial, Avi. Il faut être attentif à son partenaire, marcher main dans la main vers le même but, prendre des décisions ensemble, et *surtout* savoir faire des compromis.

— Oui, papa. Je comprends.

Son expression est restée sérieuse et il a continué :

— Et il y a une chose que tu dois retenir : dans notre famille, il n'y a pas de divorce. Le mariage, c'est pour la vie. Alors va réfléchir, et ne reviens me demander ma bénédiction que lorsque tu seras sûr que Dalia sera ta femme pour toujours.

— Je n'ai pas besoin d'y réfléchir, ai-je dit. Je sais que Dalia et moi serons ensemble pour toujours.

Dalia et moi nous sommes mariés en 1976, pendant notre première année à l'université. La réception a eu lieu dans le petit mais populaire hôtel Maxim à Netanya. Tous mes amis scouts et les amies scouts de Dalia sont venus célébrer avec nous. Mon ami Israel Schechter a joué du piano électrique à la réception et tout le monde a dansé. C'était un événement très bruyant et joyeux.

J'avais plusieurs emplois après les cours. Je dirigeais les scouts de la ville où se trouve l'université et je travaillais comme agent de sécurité dans un oléoduc, entre autres choses. Notre fils Eyal est né au cours de notre dernière année d'études. Notre fille, Mihal, a suivi deux ans plus tard, en 1981, et notre fils Ori est né en 1983. Nous avons adoré être parents et voir notre jeune famille grandir. La vie était belle malgré les hauts et les bas. Dans la richesse comme dans la pauvreté, dans la maladie comme dans la santé, dans les bons comme dans les mauvais moments, Dalia et moi sommes restés ensemble, nous nous sommes soutenus mutuellement et nous avons chéri le temps que nous avons passé ensemble. Nous nous aimons et, après cinquante ans de mariage, il ne nous est jamais venu à l'esprit de nous séparer.

7

Le jour où j'ai pleuré

Après avoir obtenu mon diplôme en génie chimique, mon père m'a appelé en vue d'une conversation. Nous nous sommes retrouvés à la table de la salle à manger, son bureau officieux. Il était tard dans la nuit et les fenêtres étaient ouvertes. L'air sentait le chèvrefeuille. Mon père a bu une gorgée d'eau gazeuse, s'est assis sur sa chaise et a soupiré.

— Tu as obtenu un diplôme, mon fils, a-t-il commencé, les yeux brillants. Et maintenant ?

— Je dois chercher un emploi, dis-je simplement.

Il a souri, hochant la tête. J'étais presque sûr de savoir ce qu'il allait me proposer.

— Permets-moi de te proposer ta première offre d'emploi, Avi. Viens travailler pour moi. Tu es ingénieur et je suis sûr que tu as étudié la gestion. Ne t'inquiète pas, je te paierai bien.

— Mais j'ai des ambitions, papa, ai-je répondu honnêtement. Je veux relever des défis et élargir mes horizons. Je veux être comme toi *et comme l'*oncle Moshe. Je veux tracer ma propre voie, ai-je continué calmement.

Mon père a hoché la tête. Je savais qu'il comprenait ce que j'essayais de dire.

— Il m'a encouragé à construire quelques immeubles avec moi. Vends quelques appartements en copropriété. Aide des gens à mettre un toit au-dessus de leur tête. Tu verras qu'il n'y a pas de plus grand défi que celui-là.

Comme je n'avais rien de mieux en vue, j'ai accepté à contrecœur.

Mon père était très fier que j'aie accepté de le rejoindre. Son bureau était à la maison, dans un coin de la salle à manger. Il a installé une table et une chaise à côté de la sienne, et nous nous sommes mis au travail, côte à côte. Pendant une courte période, c'était agréable. Mais il n'a pas fallu longtemps pour que je commence à remettre en question ma décision de travailler si étroitement avec mon père. Nous étions des personnes très différentes, avec des approches très différentes du travail et du leadership. Les frictions se sont rapidement accumulées.

Toute sa vie, mon père a voulu réussir, progresser et prouver à sa famille qu'il pouvait gagner de l'argent comme son frère aîné, le célèbre Moshe Shaked. Après avoir conduit des camions, mon père est devenu propriétaire d'une entreprise de déménagement, puis entrepreneur en bâtiment prospère, tout comme son frère. Mais les similitudes entre mon père et son frère s'arrêtent là. Contrairement à l'oncle Moshe, mon père n'était pas prêt à prendre de gros risques, même si cela signifiait la possibilité de grandes récompenses. Au lieu de cela, il adoptait une approche pragmatique, ne voulant pas réparer quelque chose qu'il ne percevait pas comme étant cassé. Il mesurait le succès par petites doses. Il achetait un terrain, construisait un immeuble et vendait les appartements. Avec les bénéfices, il achetait un autre terrain et répétait le processus. Pour moi, cette approche régulière présentait des avantages et des inconvénients. Elle minimisait les risques, mais offrait également la possibilité d'obtenir de plus grandes récompenses. Cela a créé une tension croissante entre nous. Nous avons commencé à nous disputer. Je voulais qu'il prenne de l'ampleur et construise des structures plus hautes, de sept ou neuf étages au lieu de trois, mais il ne voulait pas prendre le risque. Et même s'il appréciait que j'aie un diplôme universitaire, mon père me traitait souvent comme un débutant qui ne savait rien. Lorsqu'il établissait des contrats avec des acheteurs, il me demandait d'y assister, mais attendait de moi que je reste silencieux, que j'écoute et que j'apprenne. Il voulait tout faire à sa manière, même si je suggérais quelque chose de plus efficace. Certaines de ses pratiques étaient également un peu bizarres. Par exemple, il écartait les acheteurs qui, selon lui, risquaient de perturber l'harmonie de ses bâtiments. Il prétendait que tous les appartements avaient déjà été vendus et que nous allions perdre le marché. Lorsque les acheteurs potentiels passaient son test d'harmonie, il retenait le contrat et disait : « Pour l'instant, je n'ai pas d'appartement disponible. Mais j'ai un client qui hésite à conclure une affaire, alors je vous préviendrai si l'affaire tombe à l'eau ». Il pensait que cela inciterait les acheteurs à vouloir acheter un appartement. Souvent, il avait raison et l'acheteur attendait patiemment, mais pas toujours.

Il ne m'a jamais laissé mener des négociations seul parce qu'il pensait que je n'étais pas assez sophistiqué. Il me disait : « Tu as encore beaucoup à apprendre sur les affaires ». En réalité, je passais le plus clair de mon temps comme simple contremaître, à superviser les ouvriers, à m'assurer que les matériaux de construction arrivaient à temps et à veiller à ce que tout se déroule selon le calendrier prévu. Lorsque des matériaux étaient nécessaires, on me demandait d'aller les acheter. Lorsque des travailleurs arabes étaient retenus aux postes de contrôle frontaliers, je conduisais pour aller les chercher. Pendant ma formation d'officier dans l'armée, on m'avait appris à déléguer l'autorité. Plus vous donnez d'autorité aux bonnes personnes, plus votre taux d'échec est faible. Je voulais déléguer certaines de mes fonctions de supervision aux meilleurs travailleurs, les encourageant ainsi à s'investir davantage dans leurs responsabilités et dans le résultat de leur travail. Mon père pensait différemment. Partisan d'une autorité centralisée, il poussait ses ouvriers à bout pour tirer le maximum d'efficacité de chaque dollar de salaire qu'il leur versait. Il ordonnait à ses ouvriers de transporter trois blocs de ciment jusqu'aux étages supérieurs de ses bâtiments, alors que je lui en recommandais deux. J'ai fait valoir qu'une charge trop lourde épuisait ses travailleurs. Je voulais qu'ils aient deux pauses repas par jour, mais mon père insistait sur le fait qu'une seule suffisait.

Chaque matin, mon père se rendait sur le chantier et restait jusqu'au départ du dernier ouvrier. Il ne leur faisait pas confiance et chaque fois que je soulevais la question de l'amélioration de leurs conditions de travail, comme l'utilisation de treuils et de pompes au lieu de travailler à la main , il se mettait en colère et me criait dessus. Il disait que je les gâtais. Il est apparu clairement que lui et moi étions comme l'huile et l'eau, à la fois dans notre approche des gens et dans nos visions. Quand il voulait marcher, je voulais courir. Quand il rêvait de construire un bâtiment, je rêvais de quartiers entiers. J'étais prêt à prendre des risques et à innover, mais il était déterminé à s'en tenir au passé et à ce qu'il connaissait. J'étais impulsif, je prenais des décisions rapides et je voyais grand. Il était tout le contraire. Vers la fin de notre relation de travail, nous nous disputions sur presque tout.

J'ai travaillé avec mon père pendant près de deux ans. Cela a mis notre relation à rude épreuve. Pendant ce temps, autour de nous, Netanya était en plein essor. De nouvelles constructions sortaient de terre en permanence. Certains de ces bâtiments étaient construits par un jeune entrepreneur très doué, Yitzhak Tshuva, qui n'avait que quelques années de plus que moi. Il allait devenir le huitième homme le plus riche d'Israël et le président d'El-Ad, un conglomérat de développement immobilier, ainsi que le propriétaire du groupe Delek, un conglomérat mondial intégré dans le secteur de l'énergie. Pendant ce temps, mon père continuait à travailler sur de petits bâtiments, avec de petites dépenses et de petits profits. Un soir, après une nouvelle dispute, je suis rentré chez ma femme en larmes. C'était la première fois que je pleurais depuis mon enfance. Entre deux sanglots, j'ai raconté à Dalia ce qui s'était passé.

— Je ne peux plus faire ça, mais je ne peux pas laisser tomber mon père. Il a tant d'espoir en moi.

Elle a compris et a insisté pour que je me mette à la recherche d'un autre emploi.

— Je sais que c'est une décision douloureuse, Avi, mais tu n'as pas le choix. Si tu restes avec ton père, tu vas gâcher ta vie et ton avenir.

Je savais qu'elle avait raison. Je suis allé voir ma mère et je lui ai dit que j'envisageais d'arrêter. Elle m'a répondu par une seule phrase. « Toi et ton père vous vous disputez trop, Avi, et ce n'est pas sain ». L'idée que mon père et moi nous séparions lui convenait parfaitement.

J'ai dit à mon père que j'avais décidé de prendre un congé pour chercher un autre emploi. Il m'a traité d'ingrat et a suggéré que nous allions voir Yeshayahu Shaked, le fils de feu Moshe Shaked, qui était notre médiateur familial. Yeshayahu, un homme doué qui dirigeait à présent l'empire que son père lui avait laissé, s'est assis dans un fauteuil en cuir dans son grand salon de Netanya et a écouté à la fois la version de mon père et la mienne. Il s'est ensuite tourné vers moi.

— Tu as un diplôme professionnel. Tu devrais travailler dans ton domaine. Si jamais tu n'es pas heureux, retourne voir ton père.

Par ces mots, mon père a été contraint d'accepter ma décision de partir. Après la réunion, mon père m'a dit : « Tu sais ce qui ne va pas chez toi, Avi ? Tu cours trop vite. Fais attention, ou un jour tu vas tomber et te blesser ».

J'ai consulté Dalia et nous avons décidé que nous devions nous éloigner de Netanya afin de minimiser les risques de pression pour revenir travailler avec mon père. J'avais également besoin d'un peu d'espace pour redevenir moi-même. Dès le lendemain, j'ai commencé à chercher un emploi dans une autre région d'Israël.

8

Eden au kibboutz

En 1981, Sefen, une grande entreprise appartenant à un kibboutz qui fabriquait des laminés en plastique et vendait ses produits à l'étranger, recherchait un ingénieur chimiste pour travailler dans son usine de la vallée du Jourdain. J'ai été impressionné par leur processus de fabrication, qui faisait largement appel aux ordinateurs dans sa chaîne de production de cartes de circuits imprimés. Au cours de ma quatrième année d'université, nous avions appris la gestion d'usine assistée par ordinateur et j'étais devenu accro. On m'a proposé le poste et on m'a dit qu'il y avait également un poste de professeur de sciences à l'école commune du kibboutz Degania A. Cela signifiait que Dalia pouvait également travailler. Nous étions ravis.

Le titre de mon poste était « ingénieur en assurance qualité pour l'ingénierie chimique ». Dalia et moi n'avons eu aucun mal à nous installer dans le kibboutz. Nous ne serions pas membres à part entière, nous vivrions simplement sur le terrain. Nous pensions que ce serait un changement rafraîchissant. Presque tous les commandants avec lesquels j'avais servi dans la réserve étaient membres de kibboutz, et ils n'avaient que des choses merveilleuses à dire sur leurs maisons. Il semblait que nous serions heureux dans le kibboutz. Nous avions une petite maison avec une petite pelouse et quelques parterres de fleurs. Mon travail était intéressant et bien payé. Dalia aimait aussi son travail. Nous menions une vie tranquille en face du Jourdain, respirant l'air pur de la campagne. À la fin de la journée de travail, nous nous asseyions sur la pelouse, admirions la vue et buvions du café. Nous nous sommes faits beaucoup de nouveaux amis et avons acheté deux vélos pour pouvoir emmener notre fils Eyal faire des excursions à vélo le samedi dans la région. Nous avions l'impression d'être en vacances prolongées. C'était la période la plus calme de notre vie, mais elle n'a pas duré longtemps.

À Sefen, j'ai progressé rapidement et on m'a bientôt proposé un poste de direction. On m'a dit que la politique de l'entreprise exigeait que les cadres soient membres de kibboutz. Mon patron a promis de nous faciliter la transition vers une vie de kibboutz à part entière, mais j'avais des doutes, surtout après avoir travaillé à Sefen pendant un certain temps. Certes, les nombreux membres du kibboutz qui travaillaient à Sefen s'acquittaient efficacement de leurs tâches, mais aucun d'entre eux n'avait d'intérêt personnel à progresser. Un kibboutz fonctionne selon le principe que tous les revenus générés par le kibboutz et ses membres sont mis en commun. Par conséquent, s'efforcer d'obtenir une plus grande part du gâteau au travail va à l'encontre de la mission communautaire du kibboutz. Il n'y avait aucune raison d'exceller. À mon avis, cela désavantageait les employés de Sefen par rapport à ses concurrents du marché libre. Cette approche ne me convenait pas. Je craignais d'être un travailleur de neuf heures à dix-sept heures qui rentrerait chez lui pour s'asseoir dans son jardin et regarder la rivière couler. Je craignais également qu'un cadre aussi décontracté ne limite mon avenir professionnel. Je me suis souvenu du jour où l'oncle Moshe a quitté le kibboutz pour travailler à son compte. C'était un grand risque, mais il a été récompensé par un grand succès. Dalia, elle aussi, pensait que le kibboutz risquait de me limiter. Après mûre réflexion, j'ai refusé l'offre de Sefen. Nous avons fait nos valises, dit au revoir à nos amis du kibboutz et emménagé dans un appartement loué à Petah Tikva, une banlieue de Tel Aviv. Nous étions de retour en ville.

9

Un entretien d'embauche misérable

Après le travail chez Sefen, j'ai voulu essayer quelque chose de nouveau. J'ai cherché un emploi dans la vente. Outre les nouveaux défis que je souhaitais relever, je cherchais également un gros salaire pour subvenir aux besoins de ma famille qui s'agrandissait. J'ai parcouru les annonces et j'ai trouvé un poste de vendeur d'ordinateurs personnels chez Getter Computers. Cela m'a semblé être une excellente opportunité. On m'a demandé de me présenter à un entretien dans un hôtel de Tel Aviv. En me préparant à l'avance, j'ai étudié les caractéristiques de chaque PC sur le marché. J'étais persuadé d'avoir le poste. Au cours de l'entretien, on m'a demandé de présenter l'ordinateur à un client imaginaire. *Merveilleux, me suis-je dit.* Je me suis plongé dans mon exposé détaillé sur les avantages et les inconvénients de tous les ordinateurs disponibles. J'ai terminé et j'ai attendu la décision des recruteurs.

— Désolé, vous n'avez pas été retenu, a déclaré l'un d'eux d'un ton détaché. Je vous souhaite bonne chance.

J'étais stupéfait et blessé.

— Mais je connais si bien le domaine ! ai-je protesté.

— C'est bien là le problème, a répondu l'un d'eux. Vous le connaissez *trop* bien. Vous risquez de submerger les clients avec trop d'informations. Il suffit de dire aux clients ce qui est important pour *eux*. Il faut leur donner l'impression qu'un PC est un outil simple et efficace, plutôt qu'une multitude d'options, dont la plupart ne seront jamais utilisées.

J'avais l'impression d'avoir été traité injustement. Plus tard, après avoir regardé les informations sur le lancement d'un gros ordinateur Dell qui avait échoué à cause d'une trop grande complexité, j'ai commencé à comprendre que mes interlocuteurs avaient eu raison. Au fil du temps, j'ai appris qu'un élément clé de la réussite est la simplicité de votre message. Les clients ou les investisseurs veulent comprendre rapidement et complètement votre offre, votre service, votre produit ou votre proposition. Plus vous donnez de détails, plus vous perdez rapidement leur intérêt. Les gens détestent être submergés d'informations. Vous ne parviendrez jamais à vendre quelque chose que vous ne pouvez pas expliquer en trois minutes. Leçon apprise. Il était temps de se remettre à la recherche d'un emploi.

10

Vols à la caisse

— Vous êtes au chômage ? m'a demandé l'employé du ministère du travail.

    — Pas exactement, ai-je répondu. Je viens de quitter mon emploi.

    — Est-ce que vous recevez des allocations de chômage ? a-t-il reformulé.

    — Je n'ai pas fait de demande.

L'employé a haussé les épaules.

    — Si vous n'êtes pas chômeur, vous ne pouvez pas suivre ce cours. Ils sont réservés aux chômeurs.

Il ne m'était pas venu à l'esprit que le ministère du travail ne m'accepterait pas comme étudiant dans un cours qu'il proposait. Je ne me considérais pas comme un chômeur et je n'avais donc rien fait pour obtenir des allocations de chômage. J'étais entre deux emplois. Tout ce que je voulais, c'était suivre leur cours de COBOL, un nouveau langage informatique. De nombreuses offres d'emploi spécifiaient que le COBOL était une exigence. Développé aux États-Unis, le COBOL est conçu pour gérer la main-d'œuvre à grande échelle. Il est capable de calculer une vaste gamme de salaires, d'inventaires de stocks et de changements de population. C'était un langage de programmation adapté aux ministères et aux très grandes entreprises. En intégrant le COBOL à mon bagage, je pensais qu'il serait beaucoup plus facile de trouver un emploi.

Le nouveau langage représentait un grand progrès. Cinq ans seulement s'étaient écoulés depuis mon premier cours d'applications informatiques mathématiques à la faculté d'ingénierie chimique de l'université Ben-Gurion, mais cela me paraissait une éternité. Tous les programmes que j'avais étudiés me semblaient déjà maladroits et dépassés. J'imaginais un avenir fait de changements incessants dans l'industrie informatique et je voulais en faire partie. Pour suivre le cours, je devais être officiellement au chômage. J'ai donc rempli ma demande d'allocations de chômage et je me suis inscrit au cours de COBOL. Bientôt, j'ai recommencé à chercher du travail et j'ai postulé pour un poste dans une boutique duty-free à l'aéroport international Ben Gurion. Ils recherchaient un programmeur de COBOL pour gérer leur système informatique de pointe en magasin.

Lorsque j'ai commencé à y travailler, le magasin subissait d'importantes pertes de revenus dues au vol à l'étalage. Pour redresser la situation, les propriétaires ont nommé un ancien commissaire de police, Herzl Shafir, au poste de directeur général temporaire. Il a passé plusieurs jours à examiner les pratiques et les procédures du magasin, puis a convoqué une réunion du personnel d'encadrement. Au cours de cette réunion, il nous a posé à tous une seule question : « Qu'est-ce qui fait un bon caissier ? » Tout le monde a commencé à parler de loyauté, de courtoisie et d'efficacité. Herzl Shafir a répondu : « Pas exactement. Un bon caissier peut se permettre de voler sans se faire prendre. Pourquoi ? Parce qu'il sait comment exploiter les faiblesses du système que les autres caissiers ne détectent pas ». Il a observé que la plupart des vols se produisaient lorsque le réseau informatique était en panne, période pendant laquelle les caissiers ne pouvaient pas enregistrer les ventes sur l'ordinateur. Dans ce cas, les ventes étaient censées être enregistrées à la main. Il a expliqué que ce moment était propice à la tentation. Un caissier malin pouvait tout simplement ne pas enregistrer certains articles et les remettre à des complices qui attendaient de les faire sortir du magasin. Une nouvelle directive a été émise pour fermer le magasin à chaque fois que le réseau informatique tombait en panne. Les vols ont pratiquement cessé. Comme le magasin était fermé pendant les incidents de réseau, il m'incombait de réparer le système le plus rapidement possible. Plus d'une fois, j'ai dû me rendre à l'aéroport au milieu de la nuit pour rétablir le système. Après moins d'un an, j'en suis venu à la conclusion que j'avais maximisé mon potentiel dans ce travail. Ce n'était pas à cause des heures folles, mais parce qu'il n'y avait pas de perspectives d'évolution professionnelle. Une fois de plus, il était temps de chercher un nouveau poste.

11

Politique et esprit d'entreprise

J'ai ensuite travaillé pour Israel Aircraft Industries (IAI), un réseau de vastes usines industrielles travaillant sur des projets civils et de défense pour des clients du monde entier. Je suis arrivé à l'IAI avec des connaissances approfondies en informatique et j'ai été placé dans un cours préparatoire avancé. Les experts de l'IAI m'ont enseigné non seulement différentes applications informatiques, mais aussi la logique et la stratégie. J'ai bu tout cela avec avidité et j'ai pu apprécier la capacité d'adaptation de l'IAI à l'avenir. Nous étions en 1983 et l'entreprise disposait d'un énorme ordinateur central qui était constamment sollicité pour trouver de nouvelles façons de rendre le travail plus efficace.

J'ai été placé dans le département des systèmes en tant que programmeur principal chargé du contrôle et du soutien des logiciels. Cet emploi a renforcé ma conviction que le monde de l'informatique était sur le point de connaître d'énormes avancées. J'espérais pouvoir participer à cette révolution. Alors que j'avais étudié le génie chimique à l'université, l'informatique était devenue ma véritable passion. L'IAI m'a donné l'occasion d'entrer pleinement dans ce monde. La paye était excellente, mais au bout de deux ans, j'ai recommencé à me sentir mal à l'aise. La culture de l'IAI évoluait trop lentement pour moi et je commençais à m'ennuyer. Heureusement, un collègue nommé Pinhas Har-Zahav était actif au sein du parti travailliste et m'a demandé de contacter des amis et des collègues pour qu'ils adhèrent au parti. J'étais tout à fait disposé à l'aider, car je croyais aux positions du parti travailliste, en particulier en ce qui concerne la paix. La politique, un monde qui m'était totalement étranger, a éveillé ma curiosité. M'impliquer me semblait être un bon moyen d'échapper à mon ennui sans changer de travail. J'ai vite découvert que la politique avait beaucoup en commun avec la vente d'un produit ou d'un service. Il faut savoir présenter de nouvelles opinions, conquérir les cœurs et, surtout, persuader. J'ai aussi vite compris que le fait d'avoir des relations aux bons endroits n'était jamais un inconvénient dans les affaires. De nombreuses carrières fulgurantes ont été déclenchées par des relations politiques cultivées avec assiduité.

Après quelques mois d'engagement politique, j'ai été invité à rejoindre mon ami Pinhas lors d'une manifestation à Tel Aviv en faveur du retrait israélien du Liban. Mon pays avait envahi et occupé le Sud-Liban à deux reprises, en 1978 et 1982, principalement pour se défendre contre des groupes paramilitaires et parfois des gouvernements étrangers qui utilisaient la région pour lancer des attaques contre Israël. Parce que je pensais qu'il existait d'autres solutions que l'occupation et que je soutenais le retrait d'Israël du Liban, je me suis joint à la manifestation. À l'époque, Pinhas m'a également parlé du du forum de Mashov du parti travailliste, créé en 1981 par Yossi Beilin, homme politique israélien et militant pour la paix, qui appelait à des négociations directes entre Israël et les Palestiniens et à la création d'un État palestinien dans la bande de Gaza et en Cisjordanie.

Parmi les membres actifs du forum de Mashov figuraient des Israéliens influents tels que Yitzhak Herzog, Avrum Burg, Boris Krasny, Uri Savir, Nimrod Novik et Amnon Neubach. J'ai été très impressionné par les discussions approfondies du forum de Mashov sur la paix entre Israéliens et Palestiniens. Cette expérience m'a permis de nouer des relations étroites avec les responsables de la section du parti travailliste à l'IAI.

Le fait que j'aie réussi à faire adhérer de nouveaux membres au parti travailliste m'a permis de comprendre que j'avais en moi les qualités d'un bon vendeur, voire d'un politicien accompli. La persuasion me venait facilement. J'ai également découvert que j'aimais la politique. J'ai remarqué que, dans les institutions centrales de l'IAI, cinq des représentants du parti travailliste étaient assez âgés. À part moi, il n'y avait pas un seul jeune militant du parti. J'ai proposé de créer une branche de la jeune garde du parti travailliste à l'IAI et, en peu de temps, j'en suis devenu le secrétaire. Mais la politique me montait à la tête et j'en voulais plus. À Petah Tikva, un certain Tzur Hakmon, qui publiait plusieurs journaux locaux, venait d'annoncer sa candidature au poste de secrétaire de la Jeune Garde de la ville. Il avait un avantage sur moi car il avait vécu à Petah Tikva la majeure partie de sa vie, alors que je n'étais arrivé en ville que deux ans plus tôt. Mais j'étais sûr de pouvoir convaincre le comité de section de la Jeune Garde de me choisir en raison de ma position professionnelle, du soutien de mes collègues de l'IAI et d'autres compétences. C'était naïf. Je ne savais pas encore que le jeu politique a souvent des règles que seuls les initiés comprennent. Je n'ai obtenu que cinq voix sur vingt-cinq, et Tzur Hakmon est devenu secrétaire de la Jeune Garde du parti travailliste de Petah Tikva.

Je me suis remis de ma défaite et j'ai continué à approfondir mon engagement politique. J'ai assisté à des réunions et je me suis lié d'amitié avec des personnalités du parti. Très vite, j'ai repéré une nouvelle opportunité. Dov Tavori, le maire de Petah Tikva, se présentait pour un nouveau mandat. Il disposait de onze sièges au conseil municipal. Je l'ai convaincu qu'il avait besoin d'un représentant plus jeune, moi ! En conséquence, on m'a promis la sixième place sur la liste du parti. Cette fois-ci, j'étais sûr d'en être. Mais lors des élections, Tavori n'a remporté que cinq sièges. Une fois de plus, je suis resté à l'écart. Il m'a semblé sage de prendre le temps de comprendre ce qui s'était passé et d'en tirer les leçons. Toute mon énergie et tout mon temps étaient consacrés à la politique et je n'arrivais à rien. C'était une occupation à temps plein, pour le moins, et je jonglais avec cela après ma journée de travail à l'IAI. Je devais décider si la politique serait ma voie dans la vie. Pour le moment, j'ai décidé que ce ne serait pas le cas. C'était intéressant et stimulant, , mais je commençais à me rendre compte que mon désir constant de relever de nouveaux défis était peut-être plus adapté à des projets d'entreprise qu'à la voie traditionnelle de l'entreprise. J'avais travaillé dans un bon nombre d'entreprises et de secteurs, et j'étais prêt à parier sur moi-même. Cela nécessiterait toute mon attention. J'ai quitté la politique, sans être pleinement conscient que le virus de la politique s'était profondément enfoui en moi et qu'il n'attendait que la bonne occasion pour réapparaître.

À l'époque, j'ai observé que l'IAI investissait massivement dans le marketing international. C'était la bonne approche, car il était impossible de compter uniquement sur le marché israélien, trop petit. L'entreprise devait se développer à l'étranger, et j'ai donc naïvement approché la direction pour lui proposer un poste de cadre dans la division marketing. Si j'avais eu les idées claires, j'aurais compris qu'il s'agissait de l'un des postes les plus importants de l'IAI, réservé à ceux qui ont de l'ancienneté et de nombreuses années d'expérience. J'ai tout de même été surpris de voir ma demande rejetée.

Ils m'ont dit : « Nous avons besoin de toi dans le département informatique ». « Attends patiemment quelques années et nous verrons ». La patience n'ayant jamais été mon fort, je me suis retrouvé à la croisée des chemins. Alors que j'aurais pu simplement continuer à travailler, à subvenir aux besoins de ma famille et à prendre ma retraite avec une grosse pension plus tard, je sentais que je faisais du sur-place et que j'avais besoin de relever de nouveaux défis. Le lendemain, j'ai donné ma démission.

12

Ne pas craindre les pertes

Un ami de la famille, cadre supérieur chez Rafael, un important fabricant israélien de systèmes de défense de haute technologie, a secoué la tête lorsque je lui ai annoncé que j'avais quitté mon emploi chez IAI. Comme je n'avais pas occupé un seul emploi pendant plus de deux ans, il m'a dit que si on lui avait remis mon CV, il aurait réfléchi à deux fois avant de m'embaucher. Mes antécédents professionnels donnaient l'impression que j'étais incapable de « tenir le coup », m'a-t-il dit. Il y a deux points de vue en ce qui concerne les CV. Certains cadres, dans des entreprises comme Rafael, pensent que le fait de rester dans un emploi à long terme montre de la persévérance, du dévouement, de la loyauté et de l'engagement. C'est possible. Mais maintenant que c'est moi qui examine les CV en tant que dirigeant de ma propre entreprise, je pense aussi que cela peut être le signe d'un état d'esprit trop conservateur, voire peu ambitieux. Parfois, rester immobile n'est pas le reflet de la capacité à sourire et à endurer, mais plutôt une manifestation de la peur. Je suis attiré par les CV qui montrent un mouvement et un changement pour s'améliorer. J'aime voir des professionnels relever de nouveaux défis pour faire avancer leur carrière. Ce préjugé vient peut-être du fait qu'au début de ma carrière, j'ai souvent changé d'emploi, ce qui a accéléré mon parcours de réussite.

Après avoir quitté l'IAI, je me suis assis chez moi pour réfléchir à mon avenir et j'ai rapidement conclu qu'il était temps de commencer à travailler pour moi-même. Une étude réalisée à l'époque par le professeur Ehud Menipaz de l'université Ben-Gurion a révélé qu'un Israélien sur cinq souhaitait créer sa propre entreprise. « Néanmoins, écrivait Menipaz, beaucoup de ceux qui veulent réussir n'ont pas l'endurance nécessaire pour construire et assurer le succès d'une nouvelle entreprise. Ils ont tendance à abandonner trop tôt ». Je m'étais promis que cela ne m'arriverait pas. J'ai juré de me donner à fond et de m'accrocher jusqu'à ce que je réussisse. Je n'avais aucune idée du type d'entreprise que je voulais créer, mais j'avais une série de principes directeurs :

- **Une forte croissance.** Je voulais que mon entreprise connaisse une croissance d'au moins 12 % par an.

- **Innovation.** Je voulais rester à l'avant-garde des tendances émergentes.

- **Amélioration continue.** Je visitais des salons et des expositions, je lisais la littérature professionnelle, je suivais des cours de formation avancée et j'apprenais auprès d'hommes d'affaires que j'admirais.

- **Prise de risque.** Je ne laissais pas la peur de perdre m'empêcher d'innover et de me développer.

Ces principes constituaient la base sur laquelle je m'appuyais pour entreprendre quoi que ce soit. Les spécificités de ma future entreprise allaient se présenter d'elles-mêmes.

J'ai emmené Dalia et le petit Ori, le plus jeune de nos trois enfants, avec moi pour enregistrer ma nouvelle société au bureau d'enregistrement de Jérusalem. C'était une belle journée d'été, le soleil dardait ses rayons chauds sur tout et une brise agréable répandait l'odeur boisée et épicée du cyprès dans la voiture. Nous avions revêtu nos habits de vacances. Dalia était enthousiaste. Nous étions tous deux conscients de l'importance de cette occasion. Nous sommes entrés dans le bureau et avons demandé à enregistrer Shaked International Marketing, qui serait détenue conjointement par Dalia et moi. Ajouter « international » était peut-être un peu prétentieux, mais je rêvais grand et je pensais qu'il était important de souligner que la société opérerait un jour au-delà des frontières d'Israël.

— Et maintenant ? a demandé Dalia.

— Tout va bien se passer, ai-je répondu. Je commence à travailler demain.

— Où ? a-t-elle demandé.

— Je n'en ai aucune idée.

J'avais trente-deux ans et je n'avais ni bureau, ni employés, ni financement.

Mais j'avais une idée et des principes directeurs, et j'étais prêt à parier sur moi-même.

13

Un partenariat rentable

Comme vous l'avez probablement deviné, je m'intéresse à de nombreux domaines, et le marketing international est l'un d'entre eux. Pendant mon séjour à l'IAI, je me suis rendu compte que la plupart des entreprises industrielles sérieuses d'Israël cherchaient anxieusement des marchés d'exportation. Je voyais de nombreuses opportunités dans ce domaine en plein essor, mais je n'y connaissais pas grand-chose. J'avais besoin d'apprendre les bases et j'ai donc contacté l'Institut israélien d'exportation et de coopération internationale. L'institut existait depuis deux décennies et avait été créé pour aider les industries israéliennes à se développer à l'international par le biais des exportations. Lorsque j'ai pénétré pour la première fois dans les locaux de l'institut, j'ai vu une multitude de nouveaux cours affichés sur le tableau d'affichage. L'un d'eux s'intitulait « Exporter aux États-Unis ». Je me suis immédiatement inscrit.

Shmuel Ben-Tovim, ancien attaché commercial à l'ambassade d'Israël à Washington, donnait une conférence sur un tout nouvel accord commercial avec les États-Unis qui accorderait aux entreprises israéliennes le même statut qu'aux entreprises américaines dans la course aux appels d'offres militaires américains. Il s'agit de contrats passés par des organisations gouvernementales pour la fourniture de biens ou de services aux forces armées, qu'il s'agisse de véhicules militaires, de cybersécurité, de supervision de construction, de contrats de maintenance, de fourniture d'équipements, de munitions, d'uniformes, etc. L'encre de l'accord était à peine sèche et il m'a semblé qu'il pourrait offrir de nombreuses opportunités dans un avenir immédiat. J'ai demandé qui s'occupait de ces appels d'offres et on m'a indiqué Gershon Brusowankin, un célibataire de trente ans à lunettes qui avait récemment émigré des États-Unis. Il ne parlait pas beaucoup et je ne l'ai jamais vu sourire. Je lui ai demandé de m'expliquer comment une entreprise israélienne pouvait répondre à des appels d'offres militaires américains.

— C'est très simple, m'a-t-il répondu. Aux États-Unis, il existe un quotidien appelé *Commerce Business Daily*, plus connu sous le nom de *CBD*, qui publie tous les détails des appels d'offres de l'armée. Chaque branche de l'armée a son propre service d'achat chargé de se réapprovisionner et d'acquérir de nouveaux produits en fonction des besoins. Lorsque je reçois le journal, je consulte ma base de données, qui comprend toutes les entreprises israéliennes concernées, et j'essaie de déterminer lesquelles d'entre elles seraient intéressées par l'un ou l'autre appel d'offres. Ensuite, j'appelle les entreprises et je porte les appels d'offres à leur attention.

— Combien d'appels d'offres sont publiés chaque jour ? ai-je demandé.

— Environ trois mille.

Je suis resté bouche bée et j'ai continué à interroger Gershon.

— Combien de temps faut-il pour recevoir le journal à partir du moment où il est publié ?

— Environ une semaine.

— Y a-t-il un moyen d'obtenir les appels d'offres plus tôt ?

— Bien sûr, vous pouvez consulter les appels d'offres sur votre ordinateur. Les informations sont disponibles en ligne. Mais cela coûte très cher et seules les grandes entreprises, telles que Israel Aircraft Industries, Rafael ou Israel Military Industries, peuvent se le permettre. Toutes les autres entreprises obtiennent l'information de moi après avoir reçu le journal.

Aussi impersonnel que soit Gershon Brusowankin, il s'est révélé être une réelle mine d'informations. Il était clair que le délai d'une semaine était trop long, ce qui désavantageait les soumissionnaires israéliens. J'étais certain que beaucoup d'entre eux passaient à côté d'énormes marchés. Je voulais rectifier la situation, mais je savais que sans une personne clé connaissant les procédures des appels d'offres américains et disposant d'une base de données complète sur les entreprises israéliennes, je me heurterais rapidement à un mur. J'avais la personne idéale pour ce travail, mais je ne savais pas si elle accepterait de travailler pour moi. Je suis retourné à l'Institut israélien d'exportation et je suis entré dans le bureau de Gershon. Je lui ai dit que j'envisageais de créer une société de courtage rapide entre des entreprises américaines et israéliennes, et je lui ai proposé un poste.

Gershon m'a regardé froidement.

— Je me plais ici. Pourquoi devrais-je partir ?

Je lui ai proposé le double du salaire qu'il percevait à l'institut, même si, à l'époque, rien ne laissait présager que je serais en mesure de maintenir cette offre. L'expression de son visage a changé et je suis sûr d'avoir perçu une lueur d'intérêt.

— Laissez-moi y réfléchir pendant quelques jours.

Il voulait en savoir plus sur moi et sur l'entreprise que je voulais créer. Il a demandé des détails précis sur le poste que je proposais.

Une semaine plus tard, Gershon m'a dit qu'il était prêt à quitter le navire et à me rejoindre.

J'ai fait part de ma décision à Dalia, qui a reconnu qu'il s'agissait d'une décision audacieuse et risquée. Mais, comme d'habitude, elle m'a donné le feu vert. « Je te fais confiance, Avi ». J'avais constaté qu'il était toujours beaucoup plus facile de faire de grands pas lorsque Dalia me soutenait sans réserve. L'expérience m'avait appris combien il était important de partager mes décisions professionnelles avec ma famille. Cela les rendait partenaires et leur donnait le sens des responsabilités.

Pour la première fois de ma vie, j'étais complètement indépendant. Je me sentais bien, sauf que je n'avais plus de salaire régulier déposé sur mon compte en banque chaque mois. J'en ressentais le poids avec une femme et trois enfants à charge, sans parler des dépenses professionnelles comme le salaire de Gershon, la location et l'entretien des bureaux, les fournitures, etc. L'argent nécessaire pour couvrir tout cela serait prélevé sur les bénéfices de l'entreprise, si nous avions la chance d'en faire.

Alors que Gershon était encore à l'institut pour former son remplaçant, j'étais à la recherche d'un bureau. J'aurais pu économiser de l'argent en travaillant à domicile, mais je n'arrivais pas à oublier le bureau de mon père qui se trouvait dans notre salon exigu lorsque j'étais enfant. J'estimais que l'image d'une entreprise était importante, et que cela impliquait d'avoir la bonne adresse. Je me suis rendu à l'America House sur le boulevard King Saul à Tel Aviv pour louer un bureau. Le fait que « America » fasse partie de l'adresse m'a impressionné. Le bâtiment abritait également l'Association commerciale israélo-américaine, dont de nombreux membres actifs étaient des dirigeants d'entreprises que je voulais avoir comme clients. Le gérant de l'immeuble de l'American House a été courtois mais très clair : tous les bureaux étaient occupés et il n'y avait rien à louer dans l'immeuble. Je m'étais attaché à l'image que cet emplacement particulier donnerait de mon entreprise, alors j'ai persisté. J'ai regardé la liste des locataires sur le tableau dans le hall et j'ai vu que Gibor Sabrina, le fabricant de textiles et de bonneterie sans couture, occupait plusieurs étages. Je me suis rendu dans leur suite et j'ai demandé au comptable de l'entreprise s'ils avaient une chambre libre.

Il m'a répondu par l'affirmative. « Il y a en fait une petite pièce vide et non meublée au neuvième étage. Nous serions prêts à vous la louer pour mille dollars par mois ». J'étais ravi, mais c'était une somme énorme, bien plus élevée que le loyer normal d'une petite chambre non meublée. Peu importe, j'ai accepté avec joie. J'ai acheté un bureau et une chaise pour Gershon. Avec si peu de place, nous devions partager un seul bureau. Deux jours plus tard, nous nous sommes mis au travail.

Au début, les dépenses ont été plus importantes que prévu. Outre le salaire de Gershon et le loyer, j'avais besoin d'un ordinateur et d'un lecteur de microfiches pour lire les petites cartes de film qui contenaient de grandes quantités de données. Les deux étaient très chers, mais j'ai serré les dents et je les ai achetés, car c'étaient des nécessités. Après ces dépenses, il ne restait plus grand-chose sur mes comptes d'épargne. J'ai prié pour obtenir des revenus avant que mes comptes ne soient complètement anéantis.

Au cours des trois mois suivants, je me suis concentré sur un seul objectif : fournir un accès plus rapide et plus efficace à la *CDB* que l'Institut israélien d'exportation. Cela me permettrait d'obtenir des clients qui avaient besoin de surmonter le délai d'une semaine qui les empêchait d'être compétitifs pour décrocher des contrats militaires américains pour leurs biens et services. La première chose à faire était d'obtenir l'accès au *CBD* à la minute où il était publié, et non une semaine plus tard. J'ai découvert que les abonnés américains recevaient le journal la *veille* de sa publication. J'ai donc immédiatement commandé un abonnement au nom d'un service de courrier international basé à New York. Nous nous sommes arrangés pour que leur coursier, qui se rendait toujours en Israël, me livre le journal en Israël le soir de sa parution. Cela signifie que tous les soirs, je devais accompagner Dalia à l'aéroport pour récupérer la dernière édition du *CBD*. C'est généralement elle qui conduisait pour que je puisse dormir à l'aller et au retour. À l'époque, c'était souvent le seul moment où je dormais.

Gershon vivait à Jérusalem et prenait le bus pour faire le trajet d'une heure jusqu'à notre bureau de Tel Aviv. Lorsqu'il arrivait à 9 heures, le *CBD* était posé sur son bureau. Grâce à sa concentration et à sa discipline extraordinaires, Gershon s'asseyait et ne bougeait presque plus jusqu'à la fin de la journée de travail. Il est rapidement devenu la personne la mieux informée en Israël sur toutes les questions liées aux appels d'offres militaires américains. Je me suis senti très chanceux de l'avoir engagé, mais j'ai commencé à me rendre compte que mes prévisions de dépenses relevaient de l'amateurisme. Je n'avais pas tenu compte du fait que l'efficacité dont j'avais besoin pour réussir nécessitait plus de personnel, d'équipement et d'argent que je ne l'avais imaginé. Par exemple, j'ai découvert un énorme stock de microfiches à vendre qui contenait une grande collection de diagrammes, principalement des pièces détachées d'avions et de chars d'assaut mentionnées dans les appels d'offres. Ce n'est que plus tard que je me suis rendu compte qu'il me fallait trois personnes pour cataloguer les informations et faire correspondre les données des microfiches aux besoins mentionnés dans les appels d'offres. Les embaucher doublait mes dépenses, mais je n'avais pas le choix. Je les ai embauchés pour travailler la nuit, car il n'y avait pas de place dans notre minuscule bureau pendant la journée. Leur tâche consistait à envoyer les détails des appels d'offres et les produits requis aux bons clients. Il est devenu évident que pour faire cela efficacement, nous avions également besoin d'un télécopieur. Je n'avais déjà plus d'argent et un télécopieur coûtait 1 500 dollars. J'ai demandé un prêt à mon père, qui m'a demandé d'expliquer comment cette nouvelle machine allait générer des revenus. Je n'étais pas prêt. Alors, comme à l'époque où nous travaillions ensemble, il m'a envoyé faire mes devoirs et revenir avec des réponses claires. Au bout de quelques jours, je lui ai remis plusieurs pages dactylographiées dans lesquelles j'énumérais tous les avantages d'un télécopieur et les façons dont nous allions l'utiliser dans notre entreprise pour gagner de l'argent. Il s'est finalement laissé convaincre de me prêter de l'argent.

Maintenant que je disposais d'une solution solide, je devais m'attacher à créer une base de clients. Comme je le fais encore aujourd'hui, je me suis occupé personnellement du recrutement des clients. J'ai voyagé dans tout Israël, rencontrant des dizaines de PDG pour leur expliquer mon service. Je leur ai promis le service le plus rapide et le plus efficace. Je leur ai dit que je serais à leur disposition 24 heures sur 24 et 7 jours sur 7. Mais personne n'acceptait mon offre. Pourquoi ? Parce que je n'étais pas en mesure de prouver deux points essentiels : premièrement, que j'avais une expérience avérée dans le domaine, et deuxièmement, que j'avais une liste de clients satisfaits. En d'autres termes, je n'ai pu convaincre personne de me faire confiance. On me considérait comme un débutant. Je me suis rendu compte que ma bonne volonté et mes efforts suprêmes ne suffisaient pas. Personne n'avait jamais entendu parler de ma société et lorsque j'ai demandé un abonnement mensuel de 400 dollars pour mes services, ils ont secoué la tête. L'un d'eux m'a dit en me raccompagnant à la porte : « Vous dépassez les bornes ».

À ce stade, j'étais désespéré. Je pensais avoir mis au point la configuration parfaite et y avoir investi tout mon argent, mais cela ne fonctionnait pas. Je me suis creusé la tête pour essayer de comprendre où j'avais fait fausse route. J'ai fini par conclure que mon entreprise avait besoin d'une dose d'adrénaline. Je devais donner aux clients exactement ce qu'ils demandaient : une bonne réputation pour qu'ils puissent me faire confiance. Naturellement, j'ai cherché à recruter l'Institut israélien de l'exportation comme partenaire. L'institut pouvait se prévaloir d'une longue liste de succès. Personne ne pouvait mettre en doute son expérience professionnelle et son expertise. En utilisant la réputation de l'institut, j'aurais plus de facilité à attirer des clients potentiels. J'ai expliqué à un certain nombre de personnes de l'institut que nous partagions un intérêt commun : fournir davantage de commandes à l'exportation pour les entreprises israéliennes. Comme l'institut disposait d'un budget pour la promotion des exportations, nous avons convenu qu'il me donnerait 300 dollars pour chaque client qui s'inscrirait à mon service. Je recevrais également 4 % des recettes de tout contrat signé grâce à mes services.

Ce partenariat a tout changé. Grâce à l'institut, j'ai pu proposer un abonnement mensuel pour seulement 100 dollars. Avec une offre solide, la réputation de l'institut et un prix d'abonnement plus bas, les clients potentiels ont commencé à s'intéresser et mon activité a commencé à se développer rapidement. Les revenus ont commencé à affluer et j'ai pu enfin respirer un peu plus librement. J'étais enfin en mesure de couvrir mes dépenses et de dégager des bénéfices. Au bout de trois ans, j'avais trois cents clients et un compte en banque bien garni. Mon équipe fournissait un travail excellent et efficace et recevait de nombreux commentaires positifs de la part de clients satisfaits. J'étais mon propre patron. J'avais du succès. La vie était belle. Malheureusement, il est vite apparu que j'avais vu le monde à travers des lunettes roses.

Un concurrent est apparu et a commencé à marcher sur mes plates-bandes. Peu après, un deuxième concurrent est apparu. Ils avaient observé mon succès, appris de mon expérience et étaient plus rapides et plus efficaces. Tout ce que j'avais construit était soudain menacé. La concurrence était en train de me manger mon déjeuner. J'ai décidé de commencer à me battre pour conserver mes clients, quel que soit l'effort à fournir. Mon mantra quotidien était : « *Si mes concurrents peuvent réussir, je le peux aussi* ».

Mon premier concurrent était Aurec Information, qui allait devenir le géant du logiciel Amdocs. Aurec était le représentant local d'une société américaine appelée Dialogm, qui utilisait un logiciel informatique transmis par téléphone pour fournir les dernières données sur les appels d'offres militaires américains. Cela leur donnait un avantage concurrentiel féroce sur mon service, qui s'appuyait encore sur le journal *CBD* imprimé. Ils étaient plus rapides et la rapidité était le mot d'ordre. Bien sûr, c'était à l'époque où l'internet était encore en couches-culottes. À l'époque, seuls le gouvernement américain, l'armée et les institutions universitaires disposaient du courrier électronique. Recevoir des données et des renseignements par courrier électronique était encore une véritable merveille, tout comme l'accès aux journaux numériques. J'ai réfléchi aux options qui s'offraient à moi. Je pouvais connecter nos bases de données aux *CBD* à l'aide de modems et tout consulter comme une encyclopédie. Pour ce faire, j'utiliserais de gros ordinateurs coûteux et encombrants qui m'obligeraient à embaucher des informaticiens aux salaires mirobolants. Mais trouver l'argent pour investir dans tout cela était un défi.

Le deuxième concurrent qui était entré sur mon marché était Eldan. Comme Aurec, les services d'Eldan étaient plus chers que les miens, mais ils offraient des possibilités beaucoup plus larges aux entreprises israéliennes. Bien entendu, seules les institutions disposant d'ordinateurs pouvaient utiliser les services de mes concurrents. Mais de plus en plus d'entreprises achetaient des ordinateurs et me quittaient. Il me restait les clients qui n'avaient pas encore acheté d'ordinateur. Il s'agissait de petites entreprises dont les chances de remporter un contrat militaire américain et de continuer à payer leur abonnement mensuel étaient beaucoup plus faibles. Je me suis demandé s'il n'était pas temps de plier bagage.

Je me souviens de Dalia, toujours d'un grand soutien, me préparant un café et un sandwich au fromage pendant l'une de mes nombreuses délibérations. « Tu sais, Avi, ce que j'aime chez toi, c'est que tu t'en sors toujours et que tu n'abandonnes jamais. Je sais que tu trouveras un moyen de surmonter cette crise ».

Je ne pouvais pas la laisser tomber, ni moi, ni ma famille. Je devais reconstruire. Ce ne sera pas facile. J'avais besoin d'une idée révolutionnaire. Je devais trouver un moyen abordable d'accéder aux données de *la CBD* plus rapidement que les ordinateurs de mes concurrents. Mais comment ?

J'ai pensé que la clé se trouvait chez Dialog, qui fournissait les informations sur les appels d'offres militaires américains. Après quelques recherches, j'ai découvert que ces informations appartenaient en fait au ministère du commerce des États-Unis, qui fournissait à la base de données informatisée de Dialog les mêmes données que celles qu'il donnait au journal d'où je tirais mes informations. Soudain, le tableau s'est éclairci. J'ai compris que Dialog n'était qu'un médiateur. La clé se trouvait dans le département du commerce des États-Unis. J'ai rapidement fait ma valise et pris l'avion pour Washington, DC. Lorsque je suis enfin arrivé au ministère américain du commerce, j'ai demandé à l'homme du bureau d'information de me diriger vers la personne qui s'occupait des appels d'offres militaires américains. Il m'a demandé si j'avais pris rendez-vous, ce à quoi j'ai répondu par la négative. « Je ne suis pas sûr de pouvoir vous aider, monsieur », a-t-il répondu froidement. Je lui ai dit que j'avais fait tout le chemin depuis Israël juste pour rencontrer cette personne. Il a dû avoir pitié de moi, car il m'a dit qu'il verrait ce qu'il pouvait faire.

Après quatre heures et demie d'attente, une jeune femme est sortie pour me conduire au bureau du responsable de la publication des appels d'offres de l'armée américaine. Il s'est avéré qu'il était juif et qu'il avait de la famille à Jérusalem et à Ramat Gan. Son emploi du temps était très chargé, mais il a pris le temps de me parler. Nous avons parlé de la vie en Israël, de la Bar Mitzvah que son fils venait de célébrer au Mur occidental et des voyages à Massada et en Galilée. Enfin, il m'a demandé pourquoi j'étais là. Je lui ai parlé de mon entreprise et des défis que je devais relever face à une concurrence croissante.

— Je dois obtenir l'information avant mes concurrents et être en mesure de la proposer à mes clients à un prix inférieur, lui ai-je expliqué.

Il m'a adressé un sourire paternel.

— Ne serait-il pas préférable de conclure un partenariat avec l'un d'entre eux ?

J'ai expliqué que, compte tenu des circonstances, j'étais sûr qu'ils n'auraient aucune envie de coopérer avec moi.

— Avi, dit-il. Je n'ai jamais pensé que les appels d'offres militaires américains seraient si populaires en Israël. Aux États-Unis, il n'y a qu'un seul Dialog pour tout le monde. Pourquoi y en aurait-il plusieurs en Israël ?

— Parce que toutes les entreprises israéliennes veulent travailler avec l'Amérique, ai-je répondu. Pouvez-vous me dire comment vous transférez les informations à Dialog ?

— Les informations sont transmises quotidiennement sur une bande magnétique contenant toutes les informations sur les nouveaux appels d'offres.

— Combien coûte une telle bande ? ai-je demandé.

J'étais prêt à payer une belle somme pour cela.

— Je vous la donne gratuitement, mais à une condition : vous permettez aussi aux entreprises américaines d'obtenir ces informations.

J'ai accepté sur-le-champ et nous nous sommes serré la main.

Ensuite, je me suis précipité vers la société de messagerie pour lui expliquer le nouvel arrangement. Puis j'ai pris l'avion pour Israël. La nuit suivante, Dalia et moi nous sommes rendus à l'aéroport, comme nous l'avions fait des centaines de fois. Nous avons attendu le coursier, mais cette fois, au lieu d'un journal, nous avons pris possession de la bande magnétique. C'est ainsi que j'ai réussi à prendre trois jours d'avance sur mes concurrents. C'était un exploit révolutionnaire, et mes clients savaient désormais qu'ils pouvaient compter sur moi pour continuer à leur fournir le meilleur service possible.

J'avais surmonté un obstacle de taille, mais il y en avait d'autres à venir, et une fois de plus, ils me semblaient insurmontables. La technologie et les systèmes de données évoluaient si rapidement qu'il était difficile de suivre. En l'espace d'un an, une concurrence féroce a de nouveau menacé d'anéantir tout ce que j'avais construit. Une fois que les grandes entreprises auraient pu se procurer la bande magnétique pour elles-mêmes, tout avantage qu'il me restait aurait disparu. C'est avec douleur et tristesse que j'ai dû envisager de réduire mes pertes. Il était temps de prendre des décisions difficiles concernant l'avenir de mon entreprise.

14

Une sombre nuit d'hiver

Dans les derniers jours de mon entreprise, alors que j'entendais son râle d'agonie, j'ai envisagé une vente rapide, mais je me suis rendu compte que seule une personne ayant perdu la raison achèterait mon entreprise. Après tout le temps et l'énergie que j'avais investis, il devenait chaque jour plus évident que je devais liquider l'entreprise innovante que j'avais créée à partir de rien. J'avais l'impression d'avoir échoué ou d'assister aux funérailles d'un ami cher que j'avais laissé tomber. Malgré mon chagrin, il était inutile de retarder l'inévitable. Il était temps de laisser le passé derrière moi et d'envisager un nouvel avenir.

En guise de dernier effort, j'ai tenté ma chance à un poste à la commission qui semblait très prometteur et qui complétait l'activité principale de mon entreprise. Il semblait pouvoir m'aider à générer rapidement des revenus dont j'avais grand besoin. L'occasion s'est présentée lorsque Gershon m'a présenté une connaissance nommée Bruce Terris, qui était tombé amoureux de Jérusalem au cours de ses voyages et avait décidé de s'y installer avec sa femme. Pour gagner sa vie, Bruce représentait plusieurs entreprises américaines en Israël. Il m'a dit qu'il cherchait un représentant commercial israélien pour McManus Ltd, qui s'occupait de grandes études de marché pour des produits américains. J'avais une liste de centaines de propriétaires d'installations industrielles qui voulaient exporter des produits vers l'armée américaine et au-delà. Les études de marché de McManus pouvaient les aider à recueillir des données utiles sur la demande et les préférences des consommateurs. McManus était également disposé à commercialiser des produits en échange d'un pourcentage des bénéfices, si les études indiquaient une demande. Je toucherais une commission sur chaque vente et un pourcentage si une entreprise concluait un contrat de commercialisation avec McManus. Cela semblait très intéressant. Malheureusement, McManus demandait 50 000 dollars d'avance pour réaliser une enquête. J'ai fait de mon mieux pendant environ un an, mais les entreprises figurant sur ma liste n'étaient tout simplement pas disposées à payer une telle somme. Je me trouvais alors dans une situation délicate. La diminution de mon compte en banque me rendait de plus en plus anxieux. Mes dépenses quotidiennes et professionnelles dépassaient mes revenus, et je devais prendre des décisions rapides avant que la situation ne s'aggrave. J'ai démissionné de mon poste de commissionnaire chez McManus, puis j'ai licencié tout le monde dans mon entreprise, j'ai fermé boutique et j'ai rapatrié mon bureau sur la table de la cuisine de notre appartement à Petah Tikva.

Au fil des semaines, sans revenus, notre situation financière s'est encore dégradée. Un jour, sans que je m'y attende, mon directeur de banque m'a convoqué à une réunion. Je m'attendais à une conversation désagréable. À ce moment-là, j'avais émis près de vingt chèques sans provision, que la banque avait pris en charge moyennant des frais.

Ce site était un service offert par la banque, mais j'en avais manifestement abusé. Le directeur de la banque, courtois mais distant, m'a informé que la banque n'honorerait plus aucun de mes chèques tant que mon compte resterait à découvert. J'ai demandé un délai supplémentaire de deux semaines, mais il a insisté sur le fait que la décision prendrait effet le jour même. J'ai quitté la banque en désespoir de cause. L'idée de demander un prêt à mon père était plus que dérangeante. Il m'avait déjà prêté de l'argent pour créer ma société et je ne l'avais pas encore remboursé. C'était une période difficile, et les choses allaient empirer.

Un soir d'hiver, alors que je regardais la télévision avec nos enfants et que Dalia préparait le dîner, on a frappé à la porte. Les deux hommes étranges qui se trouvaient dans l'embrasure de la porte ont expliqué qu'ils avaient un jugement de saisie. Mes mains ont tremblé lorsque j'ai examiné le papier. Je connaissais la personne qui était derrière tout cela, un fournisseur de bureau à qui je devais de l'argent. Dalia et les enfants ont regardé, horrifiés, les deux hommes commencer à emporter la télévision et d'autres articles ménagers. J'ai dit à ma famille de ne pas s'inquiéter, que tout irait bien, que ce n'était qu'un terrible malentendu. Cela a été l'un des jours les plus sombres de ma vie.

J'aurais pu chercher du travail en tant qu'employé pour rembourser lentement mes dettes. Il y avait beaucoup d'entreprises industrielles qui cherchaient des ingénieurs chimistes et des informaticiens. Mais retourner à ce genre de travail routinier et répondre à nouveau à un patron me paraissait oppressant. Je craignais que si je m'engageais dans cette voie, je n'aurais plus jamais le courage de diriger ma propre entreprise. Finalement, j'ai décidé de m'en tenir à l'entrepreneuriat, même si je n'avais pas d'idée pour une nouvelle entreprise. Pendant cette transition difficile, je quittais mon domicile tous les matins, comme si j'allais à des réunions d'affaires, même si je n'avais pas de réunions. Lorsque je croisais un ancien client ou un ami, je lui disais que mes affaires étaient florissantes, même si je n'avais pas un sou en poche. J'ai fait comme si la vie ne pouvait pas être meilleure. J'avais peut-être un peu honte de ma situation, mais je ne pouvais pas non plus me complaire dans l'échec de mon entreprise. Dans le passé, les échecs et les défis avaient toujours débouché sur de nouvelles opportunités. Comme l'a dit un jour le célèbre inventeur Alexander Graham Bell, « Quand une porte se ferme, une autre s'ouvre ; mais nous regardons souvent si longtemps et avec tant de regret la porte fermée que nous ne voyons pas celles qui s'ouvrent à nous ». Je suis un éternel optimiste, et mon orientation a toujours été de regarder vers l'avenir. Je préfère faire semblant jusqu'à ce que je réussisse, comme le dit le proverbe, plutôt que de continuer à regarder une porte fermée. J'ai donc fait bonne figure, j'ai rapatrié la famille à Netanya et j'ai commencé à prendre des risques dans l'espoir qu'une nouvelle opportunité se présenterait. En fin de compte, cet état d'esprit s'est avéré payant une fois de plus, et cette fois-ci, de manière très importante.

15

Le vent du changement

L'année 1988 a été marquée par d'immenses innovations technologiques. Les ordinateurs personnels, la large bande pour une transmission plus rapide des fichiers volumineux, l'utilisation croissante des satellites et des câbles en fibre optique, tout cela était à nos portes, prêt à changer nos vies. Les États-Unis ont pris de l'avance sur le reste du monde en adoptant massivement le courrier électronique, dont la plupart d'entre nous n'avaient pas encore mesuré l'importance. En Israël, comme dans de nombreux autres pays, le télex, un modèle plus avancé de l'ancien téléimprimeur, était encore utilisé. La plupart des entreprises dépendaient de ce service très coûteux. Nombre de mes anciens clients se rendaient à l'Association commerciale israélo-américaine pour utiliser son télex afin de faire des affaires avec le reste du monde. Nina Admoni, la femme énergique et polie qui dirigeait le bureau, s'excusait souvent de demander 30 à 40 dollars pour un télex de quelques dizaines de mots, mais c'était le tarif en vigueur. N'ayant pas le choix, tout le monde payait, y compris moi. Puis, tout d'un coup, j'ai lu des articles sur cette nouvelle technologie appelée courrier électronique, ou e-mail en abrégé.

Malgré la débâcle de McManus, Bruce Terris était devenu un ami et j'aimais lui rendre visite dans sa maison de Jérusalem. C'était un excellent interlocuteur et un hôte impeccable. Lors d'une visite, il m'a accompagné jusqu'à son ordinateur et m'a montré son courrier électronique en action. Outre le travail qu'il effectuait pour des entreprises américaines, Bruce avait également été associé principal d'un grand cabinet d'avocats à Washington, DC. Il était toujours relié à la messagerie MCI du cabinet, gérée par MCI Communications Corp, l'un des plus grands services de télécommunications au monde. J'ai été impressionné non seulement par la rapidité des transmissions par courrier électronique, mais aussi par leur coût d'utilisation. J'ai immédiatement imaginé la révolution mondiale que cette technologie hautement perturbatrice allait entraîner.

— Comment s'inscrire ? ai-je demandé.

Bruce m'a suggéré de m'abonner à MCI Mail, mais la société n'avait pas encore mis en place de service en Israël. J'ai contacté le cabinet d'avocats de Bruce et leur ai demandé si je pouvais souscrire un abonnement sur leur compte et les payer. Ils ont accepté et j'ai pu obtenir un nom d'utilisateur américain pour mon courrier électronique. La connexion était extrêmement conviviale et facile à mettre en place. Je savais que MCI n'avait pas de représentant en Israël et je voulais ce poste. J'ai appelé la direction de la société à White Plains, dans l'*État de New York*, pour me renseigner sur la possibilité de devenir leur représentant en Israël. Ils ont été très polis, mais m'ont indiqué qu'Israël n'*était pas encore* une priorité. Je n'étais pas prêt à accepter cette réponse.

La route du succès est semée d'embûches. C'est pourquoi la foi, la détermination et l'endurance sont si importantes. Si vous voulez quelque chose, vous ne devez jamais abandonner. Si l'on vous montre la porte, revenez par la fenêtre. Si l'on vous dit non, faites semblant d'avoir mal entendu. Si vous ne parvenez pas à convaincre la première fois, faites tout ce qu'il faut pour qu'il y ait une deuxième fois. Je suis la preuve vivante que l'acharnement est une approche gagnante.

MCI International a toujours esquivé mes appels. J'ai essayé *à plusieurs reprises de* fixer un rendez-vous, mais une armée de secrétaires interceptait chaque appel. J'ai dû entendre une centaine de fois « Le planning est complet » ou « Nous sommes complets ». Personne ne voulait me parler, mais je voulais leur parler. J'avais besoin d'aide. J'ai donc demandé à Bruce de me trouver un avocat américain qui me représenterait auprès de MCI. Il m'a prévenu que cela pourrait coûter beaucoup d'argent. Malgré mes difficultés financières, j'ai accepté. La chance de travailler avec une entreprise mondiale d'une telle envergure semblait valoir le risque. Bruce m'a recommandé une avocate de Washington plus âgée et très expérimentée, Karen Edgecombe. Associée au cabinet d'avocats Terris, Edgecombe, Hecker & Wayne, elle a pu organiser une réunion avec MCI, et j'*étais censé* prendre l'avion un jour à l'avance pour la rencontrer et me préparer. Mon vol est arrivé tard la veille, et lorsque je suis arrivé dans le bâtiment du cabinet d'avocats, tout le monde était parti pour la journée, à l'exception de l'équipe de nettoyage. Je n'avais pas d'argent pour acheter de la nourriture ou une chambre d'hôtel, alors j'ai dit à l'équipe de nettoyage que je travaillais là, et ils m'ont laissé entrer. J'ai passé la nuit sur un lit de camp que j'ai trouvé dans un placard à fournitures et je me suis contenté de barres chocolatées et de café provenant d'un distributeur situé dans le couloir.

Le matin, Karen est arrivée pour notre réunion. Nous avons ensuite pris un court vol pour nous rendre au petit aéroport de White Plains, près du siège de MCI International. C'était l'automne, et le trajet en taxi depuis l'aéroport était un spectacle glorieux de feuillage d'automne avec toutes les nuances de rouge, d'orange, de jaune et de brun que l'on peut imaginer. C'était tellement différent du paysage israélien. Nous avons traversé des bois, des *étangs, des champs*, des villages pittoresques et des maisons bien entretenues aux toits de tuiles rouges. J'ai essayé de profiter au mieux de ce cadre idyllique, mais mon cœur battait la chamade. Le siège de MCI m'a surpris par sa taille et son architecture impressionnante. Le vaste campus était parsemé de bâtiments de trois étages où travaillaient pas moins de dix mille personnes. D'immenses arbres bien taillés et des étangs remplis de cygnes avec des cascades et des fontaines séparaient les dix bâtiments de MCI. Des jardiniers tondaient les vastes pelouses.

Nous devions rencontrer Jerry De Martino, un jeune italo-américain, vice-président de la société et responsable de l'approbation des franchises mondiales. À l'époque, MCI se concentrait principalement sur la fourniture de services téléphoniques, tant aux États-Unis qu'à l'étranger. Le courrier électronique ne représentait qu'une infime partie des activités de la société, mais c'est cette partie qui m'intéressait. M. De Martino parlait très vite et prenait rapidement des décisions. Il a écouté attentivement mon avocate, qui a essayé de le convaincre de m'autoriser à représenter le service de courrier électronique de MCI en Israël. Elle lui a dit que j'avais une grande expérience du travail avec les Américains et que j'avais réussi à attirer des centaines de clients par l'intermédiaire de ma société d'appels d'offres. Il n'était pas inconcevable, a-t-elle dit, que *tous* ces clients s'inscrivent au service de courrier électronique. Tout au long de la conversation, M. De Martino jetait un coup d'œil rapide à l'écran de son ordinateur et prenait de temps à autre quelques notes. Il a laissé l'avocate terminer son discours, mais j'ai vu à l'expression de son visage que notre proposition était sur le point d'être rejetée. Sa réponse ne comportait que deux phrases : « Israël n'est pas encore sur la carte. Nous sommes occupés à nommer des représentants en Europe, et c'est notre priorité absolue ». Mon avocate a demandé quand l'entreprise se tournerait vers Israël. De Martino a répondu par une phrase que je déteste : « Ne nous appelez pas, nous vous appellerons ».

Alors que nous nous éloignions du siège de MCI, le soleil brillait encore et l'odeur fraîche de l'automne flottait encore agréablement sur les terrains parfaitement entretenus, mais tout semblait différent. Mes espoirs étaient anéantis et mon humeur était sombre. Karen a essayé de me remonter le moral : « Il n'a pas dit non. Ce n'est qu'un contretemps temporaire ». Je lui ai dit que le temps ne jouait pas en ma faveur. Il y avait probablement d'autres Israéliens qui voulaient la franchise MCI, et si nous n'agissions pas rapidement, je serais probablement confronté à une concurrence féroce. Elle m'a adressé un sourire compatissant et m'a dit : « Il faut quand même être optimiste, Avi. Tu n'as vraiment pas le choix ». Elle avait raison, bien sûr, mais je n'étais pas d'humeur à l'entendre.

Une semaine plus tard, j'ai reçu un autre coup dur. Bruce m'a envoyé une facture de 9 000 dollars. C'était une somme inouïe à l'époque. Comme je n'avais pas 9 000 dollars, j'ai proposé à Bruce une participation de 50 % dans la franchise MCI. Il a souri avec empathie, m'a tapé sur l'épaule et m'a répondu : « Avi, très franchement, je ne pense pas que tu aies la moindre chance d'obtenir le poste ». Bruce a eu la gentillesse de m'autoriser à payer la facture juridique en plusieurs fois. Mais aucun de nous deux ne savait à l'époque que Bruce venait de laisser filer un contrat de plusieurs millions de dollars.

16

Un robot nommé George

Pendant deux semaines, j'ai attendu avec impatience que Jerry De Martino, de MCI, me contacte. Bien entendu, il n'a jamais appelé. Deux options s'offraient alors à moi : d'une part, je pouvais continuer à attendre et accepter la possibilité qu'il n'appelle jamais. Deuxièmement, je pouvais l'appeler pour savoir ce qu'il avait décidé. Fidèle à ma nature, j'ai choisi la deuxième option. J'ai passé quatre jours entiers à essayer de joindre Jerry De Martino au téléphone. Je n'ai pas eu de chance. À chaque fois, sa secrétaire était armée d'une excuse. *Il n'est pas au bureau. Il est en réunion. Il n'est pas disponible.* Le cinquième jour, j'ai finalement réussi à le joindre. Je lui ai rappelé notre réunion et ma proposition de devenir le représentant de MCI en Israël.

— Ah oui, j'avais presque oublié.

Je lui ai dit que deux semaines s'étaient déjà écoulées et que je voulais savoir s'il avait déjà une réponse à me donner.

— Non, pas encore, a répondu M. De Martino. Donnez-moi encore deux semaines.

Je me doutais qu'il voulait se débarrasser de moi, mais j'ai attendu impatiemment les deux semaines suivantes.

Le téléphone n'a pas sonné. Inspiré par la citation de Bill Gates sur le fait de tenter l'impossible lorsque le possible n'a pas fonctionné, j'ai fait ma valise et me suis envolé pour New York. Je savais qu'il y avait de fortes chances que De Martino n'accepte pas de me recevoir parce que je n'avais pas de rendez-vous. Mais ma crainte qu'il accorde la franchise israélienne à quelqu'un d'autre l'emportait sur toute réflexion pratique. Je devais tenter ma chance.

Je me suis rasé et j'ai enfilé mon plus beau costume dans l'avion, arrivant à White Plains bien avant le début de la journée de travail. Je me suis assis sur un banc dans le vaste parc de MCI et je me suis assoupi. Un garde m'a réveillé. « Monsieur, vous n'êtes autorisé à vous asseoir sur ces bancs que pendant les heures de travail », m'a-t-il dit d'un air sévère. Je me suis rendu dans un café de l'autre côté de la rue et, autour d'une tasse de café, j'ai regardé des centaines d'employés de MCI se rendre au travail. À 9 h 30, je suis enfin entré dans le bâtiment où De Martino avait son bureau. Alors que j'attendais l'ascenseur, j'ai entendu un léger bruissement derrière moi. Quelqu'un à la voix métallique m'a dit :

— Excusez-moi, pourriez-vous appuyer sur le bouton du deuxième étage ? m'a dit quelqu'un à la voix métallique.

Je me suis retourné et j'ai été stupéfait. C'était un robot à l'apparence humaine, avec une paire de phares colorés en guise d'yeux et un corps à tiroirs pour ranger le courrier.

— Bien sûr, ai-je marmonné, un peu gêné de parler à un robot.

J'ai appuyé sur le bouton du deuxième étage et j'ai suivi le robot dans l'ascenseur, même si le bureau de De Martino se trouvait au troisième étage. J'étais fasciné et je devais voir ce robot en action. Le robot se déplaçait rapidement dans le hall, entrant et sortant des bureaux. Partout où il allait, les gens lui disaient « Bonjour, George ! » et le traitaient comme un collègue ordinaire. Les secrétaires remplissaient ses tiroirs de courrier sortant et appuyaient sur un bouton situé sur son torse pour l'envoyer au bureau suivant. Si MCI voulait que l'innovation technologique soit primordiale, je me suis dit qu'elle n'aurait pas pu exprimer ce message plus clairement qu'en faisant de George le robot le facteur de l'entreprise.

Je venais de voir l'impossible, et cela m'a donné envie de le réaliser moi-même. Je me suis donné un petit discours d'encouragement en retournant vers les ascenseurs et en me dirigeant vers le troisième étage et le bureau de De Martino. Lorsque je suis entré, sa secrétaire avait l'air perplexe.

— Que puis-je faire pour vous, monsieur ?

— Je suis venu voir M. De Martino.

— Avez-vous un rendez-vous ?

— Non, je n'en ai pas.

— Je suis désolée, mais vous ne pourrez pas le voir. M. De Martino ne reçoit personne sans rendez-vous.

— Ce n'est pas grave, ai-je dit, je vais attendre.

Elle était agacée.

— Je suis désolée, monsieur, mais vous perdez votre temps. Il n'y a aucune chance qu'il vous reçoive.

J'ai souri poliment.

— Néanmoins, j'attendrai.

Je suis resté longtemps dans la salle d'attente, fixant un écran sur lequel le cours impressionnant de l'action de la société était retransmis en direct de Wall Street. Le temps s'est écoulé lentement. Elle ne m'a même pas offert un verre d'eau, et son silence et son langage corporel indiquaient qu'elle voulait se débarrasser de moi avant l'arrivée de son patron. Quand elle a parlé, elle n'a pas mâché ses mots.

— M. Shaked, la salle d'attente est destinée aux personnes qui ont un rendez-vous. Vous occupez leur place. Veuillez partir.

Lorsque je lui ai fait remarquer que j'étais la seule personne présente dans la salle, elle a légèrement haussé le ton.

— Ne discutez pas avec moi, s'il vous plaît.

Pendant les deux heures qui ont suivi, je l'ai regardée répondre au téléphone et prendre des notes, tandis que je rêvassais. N'oubliez pas qu'à l'époque, il n'y avait pas d'ordinateurs portables ni de smartphones. De temps en temps, la secrétaire de De Martino me lançait un regard noir et rompait le silence.

— M. De Martino *ne va pas* aimer ça.

Je haussais les épaules mais ne répondais jamais. Dans mon esprit, son patron me traiterait différemment de ce à quoi elle s'attendait.

Mais lorsque De Martino est entré dans son bureau et m'a vue, il n'a pas du tout apprécié. Il est entré vers midi et a jeté un coup d'œil dans ma direction. Je le voyais essayer de se rappeler qui j'étais. Je me suis levé d'un bond et me suis présenté à nouveau.

— Puis-je avoir un moment de votre temps, M. De Martino ?

— Vous avez pris rendez-vous ?»

— Non, mais vous avez dit que vous donneriez votre réponse dans deux semaines. Quatre semaines se sont écoulées et vous n'avez pas appelé. Je suis venu pour connaître votre position.

La secrétaire a rappelé à son patron les différents rendez-vous qu'il a fixés.

— M. De Martino, j'ai proposé à ce monsieur de prendre rendez-vous et de venir une autre fois. Mais il a refusé.»

Je voyais que De Martino était tout à fait de son côté.

— Ce que vous faites n'est pas possible, m'a-t-il reproché. Imaginez que tous ceux qui veulent me parler se présentent ici sans rendez-vous. Ce serait le chaos.

— Je comprends, mais j'ai fait tout ce chemin depuis Jérusalem pour vous rencontrer. J'ai pris ma décision. Je dois avoir la franchise MCI en Israël. Je suis donc ici pour tenter ma chance.

De Martino m'a regardé avec curiosité pendant une longue seconde, puis a souri pour la première fois.

— J'aime bien ça, a-t-il dit.

Il m'a invité à entrer dans son bureau, malgré les remontrances de sa secrétaire, et s'est installé dans son grand fauteuil de direction.

— Vous avez vraiment fait tout ce chemin depuis Israël spécialement pour me voir, m'a-t-il demandé.

— Oui, j'ai voyagé toute la nuit.

— Avez-vous au moins dormi un peu ?

— Pas même une minute, ai-je dit, décidant de ne pas lui parler de la scène du banc public.

Il a feuilleté quelques documents d'une pile de dossiers sur son bureau.

— Vous devez savoir que nous avons reçu deux autres propositions d'Israël, l'une de Koor Communications et l'autre de Binat Communications. Il s'agit dans les deux cas de grandes entreprises réputées. Mais vous, et bien, personne n'a jamais entendu parler de vous, M. Avi Shaked. Donnez-moi une bonne raison de vous laisser représenter MCI.

C'était le moment de David et Goliath, et je me suis soudain souvenu d'une réplique d'un film de Rock Hudson dans lequel il essayait d'obtenir un emploi dans une grande entreprise. Dans cette scène, le PDG avait dit à Hudson : « Donnez-moi deux raisons pour lesquelles vous êtes fait pour ce travail ».

— Je suis brillant et plein de ressources ! avait répondu Hudson.

J'ai dit exactement la même chose à M. De Martin et il s'est mis à rire.

— Ils peuvent me renvoyer à cause de vous, Avi Shaked. Mais votre chutzpah et votre détermination, c'est autre chose. Je vais vous donner l'occasion de faire vos preuves.

Il m'a promis que je serais invité à une prochaine conférence des représentants de MCI en Europe et que mes compétences y seraient testées. J'ai eu envie de sauter par-dessus son bureau et de le serrer dans mes bras, mais je me suis retenu. Même si je n'avais pas encore obtenu le poste, je sentais que De Martino était de mon côté. J'étais déterminé à faire tous les efforts possibles pour réussir tous les tests que MCI me ferait passer. J'ai souri et j'ai salué sa secrétaire en partant.

17

Vendre l'avenir

L'invitation à la conférence de Paris est arrivée la semaine suivante. Dalia s'est jointe à moi pour le voyage. C'était la première fois que nous voyagions ensemble à l'étranger. Elle m'a dit que si je ratais le test MCI, nous pourrions au moins nous consoler avec une deuxième lune de miel. Mais nous n'avons guère eu le temps de faire du tourisme. La préparation de l'examen a occupé la majeure partie de la journée. Avec l'aide d'instructeurs venus des États-Unis, nous avons appris tout ce qu'il y avait à savoir sur un logiciel appelé Lotus, qui était la plate-forme du système de messagerie électronique de MCI. Le soir, quand tout le monde sortait pour de bons dîners, je restais dans ma chambre et j'étudiais. Je n'avais jamais été aussi nerveux à l'approche d'un examen. Tout mon avenir dépendait de sa réussite. Le moment où j'ai passé l'examen a donc été plutôt décevant, car il a été *beaucoup* plus facile que ce à quoi tout le monde s'attendait. Personne n'a échoué.

Après l'affichage des résultats, une représentante de MCI s'est approchée de moi, le sourire aux lèvres, et m'a présenté un contrat de quatre cents pages. Je lui ai dit que je le ramènerais en Israël et que je répondrais la semaine suivante. Elle a secoué la tête.

— Le document doit être signé avant 8 heures demain, M. Shaked.

J'ai été pris au dépourvu et j'ai commencé à lire le contrat. La plupart des sections étaient fortement orientées en faveur de l'entreprise. L'entreprise se réservait le droit unilatéral de rompre tout contact avec moi à tout moment et sans avertissement, tandis qu'il m'était interdit de transmettre la franchise à quelqu'un d'autre. L'entreprise se réservait le droit de modifier les tarifs à tout moment, mais je devais obtenir une autorisation préalable pour toute publicité et tout marketing. Le pire dans ce contrat, c'est que je n'allais pas toucher de salaire, mais seulement un pourcentage sur les ventes.

Si je ne réussissais pas à vendre, je ne recevais pas de commission sur les ventes.

J'avais déjà vu des contrats stricts, mais jamais de ce genre. Le problème, c'est qu'il n'y avait personne à qui parler, personne à consulter ou avec qui négocier, ce qui semblait être une stratégie de la part de l'entreprise. Ils devaient savoir qu'il serait impossible de comprendre un contrat de quatre cents pages sans l'aide d'un conseiller juridique. Mais j'avais besoin de ce travail, j'ai donc passé outre mes réserves et j'ai signé le contrat. Si je rencontrais des problèmes plus tard, je négocierais à ce moment-là.

MCI m'a donné dix exemplaires de son programme à vendre aux clients israéliens. En 1988, seules quelques personnes dans tout Israël avaient entendu parler du courrier électronique. J'ai donc dû aller d'un client à l'autre pour expliquer pourquoi le courrier électronique était préférable aux télex et aux télécopies et comment il réduirait leurs coûts d'exploitation. Comme tout vendeur vous le dira, il est difficile d'amener les gens à changer leurs habitudes. De plus, l'installation d'une ligne de courrier électronique était beaucoup plus compliquée à l'époque qu'elle ne l'est aujourd'hui. Il fallait installer un modem spécifique et dédoubler la ligne fixe. Pour économiser de l'argent, j'ai tout fait moi-même, toutes les démonstrations, les visites de vente et les installations, ainsi que les opérations, la formation et l'assistance à la clientèle.

Mon premier client était un service de coursier pour diamants appelé Malca-Amit. La société avait des filiales en Europe, en Amérique et en Extrême-Orient, et ses dépenses mensuelles en télex et en télécopies dépassaient largement les 20 000 dollars. Je leur avais promis que leur service de courrier électronique ne coûterait pas plus de 500 dollars par mois, et ils ont été agréablement surpris de constater que c'est exactement ce qui s'est passé. Le coût réel a été de 600 dollars, mais j'ai payé 100 dollars de ma poche pour pouvoir leur facturer le prix que j'avais indiqué au départ. J'ai également rendu visite à tous les anciens clients de ma société d'appels d'offres et je les ai persuadés d'utiliser les services de courrier électronique de MCI. Il s'est avéré plus facile de les faire signer que je ne l'avais pensé. Je vendais au moins trois programmes par jour. J'ai parcouru tout Israël, d'un client à l'autre, et en l'espace d'un an, j'avais plus de mille clients qui utilisaient avec enthousiasme le système de courrier électronique que j'avais introduit en Israël. Le vice-président de MCI, M. De Martino, m'a appelé personnellement pour me faire part de l'appréciation de son entreprise. J'ai même reçu une plaque de « représentant exceptionnel » que j'ai fièrement accrochée au mur de mon bureau. Il s'est avéré que j'étais le plus grand distributeur de logiciels de courrier électronique en dehors des États-Unis.

Sans personnel d'assistance, la facturation devenait longue et fastidieuse. Heureusement, je suis tombé sur un jeune informaticien de 16 ans qui a pu m'aider. J'étais entré dans un magasin d'informatique à Petah Tikva et j'avais vu des adolescents se presser autour des ordinateurs. Je suis allé voir ce qu'ils faisaient. La plupart d'entre eux jouaient à des jeux, mais un jeune avec des lunettes et de l'acné était occupé à taper sur son clavier. Je lui ai demandé ce qu'il faisait et il m'a répondu qu'il programmait un jeu qu'il venait d'inventer. J'ai été impressionné par ses compétences en matière de codage et je lui ai demandé s'il pouvait créer un programme qui émettrait des factures à l'intention des utilisateurs du courrier électronique.

— Bien sûr, mais je n'ai pas d'ordinateur à la maison, m'a-t-il répondu.

J'ai fini par prêter mon ordinateur à ce garçon, qui s'appelait Uri Etkowitz. La famille vivait dans un petit appartement public en ville. Le père d'Uri travaillait dans une usine de pneus et sa mère était secrétaire dans un cabinet d'avocats. Uri m'a dit que son grand amour dans la vie était les ordinateurs et, comme il n'en possédait pas, il passait beaucoup de temps au magasin d'informatique, où les propriétaires lui permettaient d'utiliser l'ordinateur du magasin. En l'espace de quelques jours, le jeune homme m'a créé un fantastique programme de facturation. La vie a une drôle de façon de vous présenter les personnes que vous devez connaître, et ce n'était pas la dernière fois que je travaillais avec le jeune et talentueux Uri Etkowitz.

Au cours de cette période, j'ai profité de toutes les occasions pour me rendre aux États-Unis afin de faire plus ample connaissance avec les gens de MCI et de renforcer mes liens. Il n'était plus nécessaire pour moi de prendre le train de New York et de m'assoupir sur un banc public. En tant que représentant de MCI, j'atterrissais à New York et une limousine m'emmenait à l'hôtel Hilton de White Plains et attendait que je me rafraîchisse avant de me conduire au siège pour des réunions. Chaque visite était synonyme de nouvelles présentations aux membres de l'équipe de direction de MCI. En peu de temps, je disposais d'un vaste réseau MCI. Le siège connaissait certainement le nom d'Avi Shaked.

L'un de ces cadres supérieurs était un ingénieur nommé Chrys Kitas, qui avait émigré de Grèce aux États-Unis et s'était élevé au rang de vice-président de MCI. Il avait une cinquantaine d'années, des lunettes, une calvitie et un réel don d'élocution. Lorsqu'il venait me rendre visite en Israël, ses sacs étaient toujours remplis de cadeaux à distribuer. Les cadeaux étaient distribués en fonction du statut du destinataire. Les secrétaires, par exemple, recevaient des cadeaux modestes, tandis que les cadres supérieurs recevaient des cadeaux coûteux.

Lors d'une visite hivernale en 1989, j'ai su pourquoi Chrys était là. Un collègue de MCI m'avait dit en secret qu'il me proposerait un rôle élargi pendant son voyage de quatre jours. Lorsque Chrys est arrivé, nous avons commencé à voyager à travers Israël, rencontrant des membres du gouvernement et des hommes d'affaires importants. Il n'a jamais dit un mot sur mon rôle. Je craignais qu'il ne parte avant de m'avoir parlé de mon nouveau poste, mais j'étais déterminé à ne pas aborder le sujet en premier. Le matin de son dernier jour en Israël, deux heures avant son vol de retour pour les États-Unis, alors que nous étions assis sur un banc à l'aéroport international Ben Gurion, il a mentionné, comme en passant, que la direction avait décidé de transformer mon poste de représentant à la commission en poste salarié. Le salaire qui s'ajouterait à mes commissions serait de 100 000 dollars par an, plus les primes et les frais.

C'était une somme énorme et j'ai commencé à marmonner des remerciements, mais Chrys a levé la main et m'a dit :

— Tu comprends que tu vas devoir travailler très dur pour gagner cet argent, n'est-ce pas ?

J'ai été un peu décontenancé, mais je l'ai regardé dans les yeux.

— J'ai l'habitude de travailler dur, Chrys.

Il a souri d'une manière qui m'a rendue nerveux.

— Tu n'as pas encore entendu tout ce que j'ai à dire.

— D'accord...

— Nous attendons de toi que tu réduises les honoraires de Bezeq d'au moins 25 % par an. Penses-tu pouvoir y arriver ?

J'ai rapidement acquiescé.

En tant que plus grande entreprise de télécommunications d'Israël, Bezeq était un partenaire essentiel de MCI, mais représentait également une dépense importante. J'ai repensé aux négociations précédentes entre MCI et Bezeq auxquelles j'avais assisté avec Chrys. Chaque trimestre, il arrivait à Tel Aviv pour négocier le montant que MCI devait payer à Bezeq pour les appels des États-Unis vers Israël. Les sommes discutées étaient de l'ordre de 50 millions de dollars. Et chaque trimestre, après avoir présenté une série d'offres alléchantes, services exclusifs, formation avancée pour leurs ingénieurs, et bien d'autres choses encore, Chrys parvenait à obtenir de Bezeq qu'il réduise légèrement ses frais. Malgré toutes ses particularités, il était un maître dans l'art de la persuasion et de la négociation. La réduction de 25 % que

Chrys me demandait semblait impossible, mais je n'allais pas dire non.

Jusqu'à présent, je n'avais représenté que le service de messagerie électronique de MCI en Israël. Désormais, j'allais représenter tout ce que MCI faisait ici : les appels internationaux entre Israël et les États-Unis, les lignes point à point, les services de communication de données, les ventes en transit (relais des appels vers différentes destinations dans le monde) et une centaine d'autres services et produits. C'était un grand pas, et les dix années suivantes de ma vie ont été marquées par un travail acharné. Représenter autant de services et de clients dans des domaines aussi variés occupait toutes les heures de ma journée et de nombreuses heures de ma nuit. Les Américains savaient exactement pourquoi ils devaient me payer un salaire aussi princier ; je signais en quelque sorte ma vie. Mais à ce moment-là, assis sur un banc de l'aéroport international Ben Gourion, écoutant mon patron me proposer une promotion et 100 000 dollars, j'étais aux anges !

18

L'Amérique n'est pas Israël

Le chemin des affaires passe par les gens. Plus vous connaissez de personnes clés, plus vous semez les graines de votre succès futur. Pendant longtemps, je me rendais aux États-Unis chaque semaine. J'atterrissais le lundi matin, je travaillais jusqu'au soir et je revenais en Israël par le vol de nuit. J'ai accumulé plus de miles de fidélisation que tout autre Israélien (à l'exception des pilotes) et j'ai été surclassé de la classe affaires à la première classe. Je n'ai jamais dormi pendant ces voyages transatlantiques. J'en profitais pour nouer des contacts avec d'autres voyageurs de première classe, qui avaient tendance à être des chefs d'entreprise comme les grands promoteurs, les propriétaires d'usine, etc. J'écoutais attentivement leurs histoires de réussite et d'échec, leurs défis en matière de leadership, leurs nouvelles opportunités d'investissement, etc. Je gardais un petit carnet noir pour noter tout ce que j'apprenais. J'ai signé un certain nombre de clients et certaines des personnes que j'ai rencontrées sont devenues des amis proches.

Ma vie professionnelle avait atteint un tout autre niveau, mais j'apprenais encore les ficelles de la culture d'entreprise américaine, très différente de celle d'Israël. Je me souviens d'une fois où le président-directeur général de MCI, Seth Blumenfeld, a fait un rare voyage pour me voir. Il voyageait très peu et dirigeait son énorme entreprise principalement depuis son bureau situé au troisième étage du campus de White Plains. C'était donc assez exceptionnel de passer autant de temps avec lui en personne, en tête-à-tête en Israël. Nous voyagions dans ma voiture lorsque mon téléphone portable a sonné. C'était avant que les téléphones portables ne deviennent omniprésents aux États-Unis, bien qu'ils soient déjà très populaires en Israël. J'ai décroché mon téléphone portable et mon patron le plus haut placé m'a regardé d'un air perplexe. J'ai fait signe que je m'expliquerais après avoir terminé l'appel.

— Désolé, Seth, un de mes clients a eu un problème, ai-je dit en m'excusant après avoir raccroché.

— Tu veux dire que les gens appellent ta ligne privée quand ils ont un problème professionnel ?

— Oui, ai-je répondu, fier de mon approche pratique. Je crois en un service clientèle optimal. Ils attendent une réponse rapide et je suis heureux de les aider personnellement. Cela m'aide à comprendre les problèmes qu'ils rencontrent.

Blumenfeld écoutait tranquillement, l'air grave.

— M. Shaked, a-t-il déclaré sur un ton formel, dans notre entreprise, cela ne se fait pas. Lorsque les gens ont un problème, ils appellent le téléphone du bureau, pas les lignes personnelles de nos employés. Il en a toujours été ainsi et il en sera toujours ainsi. À partir de maintenant, nous vous demandons de ne fournir le service qu'à partir du bureau et uniquement pendant les heures de travail.

C'était un signal d'alarme. Chaque jour, il m'apparaissait plus clairement que les Américains conduisaient leurs affaires très différemment des Israéliens, et pas seulement en ce qui concerne le service à la clientèle. Il n'y avait ni amour, ni amitié, ni pardon. Les sourires chaleureux et les bonnes manières ne signifiaient pas que quelqu'un vous aimait ou vous respectait sincèrement. Le mot « *désolé* » était interdit. Si vous avez promis ou si l'on attend de vous que vous fassiez quelque chose, il n'y a pas d'excuses ou d'explications si vous avez raté votre coup. En Israël, si je n'avais pas répondu aux attentes, il me suffisait d'expliquer pourquoi je n'avais pas été à la hauteur et de promettre de faire mieux la prochaine fois. Les Américains ne se souciaient pas de savoir si le monde était à l'envers et si vous deviez faire face à des obstacles impossibles ou à des attentes irréalistes, vous deviez aller jusqu'au bout et accomplir votre tâche. Ils exigeaient également une loyauté sans faille, des mises à jour honnêtes et, surtout, des profits croissants.

Je me suis rendu compte que les gens de MCI ne m'avaient pas donné le poste parce que j'étais intelligent et persévérant. Ils avaient simplement cru que je pouvais les rendre plus rentables. Si je n'y étais pas parvenu, je me serais retrouvé à la porte très rapidement, sans seconde chance ni sentimentalité. À l'inverse, si je répondais aux attentes, mes opportunités chez MCI s'élargiraient. L'équation était très simple. Je voulais plus d'opportunités, j'ai donc respecté leurs règles, mais j'étais toujours un Israélien. Cela signifiait que je faisais les choses un peu différemment sur mon territoire d'origine. Par exemple, dans le cadre d'un de mes contrats commerciaux, j'ai découvert qu'un nouvel employé avait commis une erreur de 20 000 dollars. Comme il s'agissait d'une perte importante, je l'ai convoqué à une réunion.

— Je suis vraiment désolé, M. Shaked, j'ai fait une erreur.

J'aurais pu le licencier, mais j'ai apprécié son honnêteté et son absence d'excuses. Il a assumé la responsabilité de son erreur. Il a fait preuve d'intégrité.

— Tout le monde peut faire une erreur, ai-je dit au jeune homme, mais tout le monde n'est pas prêt à l'admettre.

Je lui ai demandé de rester au travail et d'être plus prudent à l'avenir. Trop souvent, j'ai vu des gens mentir pour dissimuler leurs erreurs. Lorsque quelqu'un me ment, je ne le néglige jamais. Je m'en débarrasse, même si le mensonge est insignifiant. Pourquoi ? Parce que ce n'est pas le mensonge qui compte, mais le fait que vous travaillez avec quelqu'un qui ment, ce qui signifie que vous ne pouvez pas lui faire confiance. Les relations humaines authentiques et productives sont toujours fondées sur la confiance et l'intégrité.

J'ai continué à faire ce que l'on attendait de moi chez MCI. Plus je signais de clients, plus je recevais de primes. On me complimentait pour être un grand homme d'affaires, ce qui signifiait pour moi que je tenais mes promesses et que l'on pouvait me faire confiance pour agir avec intégrité au nom de MCI en Israël. Sans intégrité, je savais qu'il n'y avait aucune chance de crédibilité, et sans crédibilité, il n'y avait aucune chance d'obtenir davantage d'opportunités commerciales. Bien entendu, très peu d'hommes d'affaires ont traversé leur carrière sans que leur intégrité soit mise à l'épreuve, et je n'ai pas fait exception à la règle.

19

Le ministre est insulté

En 1989, les sociétés de télécommunications américaines étaient au plus fort de la guerre des appels internationaux, et la concurrence les obligeait à réduire considérablement leurs tarifs, à la grande satisfaction de leurs clients. En Israël, cependant, Bezeq détenait toujours le monopole des appels internationaux et continuait à faire payer une fortune à ses clients. Un appel court vers les États-Unis coûtait souvent vingt à trente dollars. Bezeq gagnait pas moins de 300 millions de dollars par an sur les appels téléphoniques vers les États-Unis. Chargé de réduire les frais de Bezeq de 25 %, je pensais constamment à cette dépense pour MCI. Je pensais que la seule chose qui pouvait réduire les tarifs de Bezeq était la concurrence. Mais le ministère israélien des communications était la seule entité capable de briser le monopole de l'entreprise, car seul le ministre des communications avait le pouvoir d'accorder des licences à d'autres entreprises de télécommunications.

J'ai proposé cette idée au ministre des communications, Gad Yaacobi, mais il n'était pas intéressé. Blumenfeld a déclaré qu'il venait en Israël expressément pour rencontrer le ministre et renforcer les liens de MCI dans ce pays. Comme il n'était là que pour quelques jours, j'ai rapidement organisé une rencontre matinale entre Blumenfeld et Yaacobi à l'hôtel King David de Jérusalem. Beaucoup de choses dépendaient de leur conversation. Le matin de la réunion, je suis allé chercher Blumenfeld et mon patron Chrys, et nous sommes partis de Tel Aviv avec deux heures d'avance, ce qui nous laissait amplement le temps de faire les cinquante minutes de route jusqu'à Jérusalem. Mais en chemin, près de la ville de Latrun, un accident a bloqué la circulation dans les deux sens. Nous n'avions que quinze minutes de retard sur le rendez-vous, mais Yaacobi était déjà parti en trombe, furieux de s'être fait attendre.

J'ai essayé frénétiquement d'organiser une autre réunion, mais Yaacobi ne répondait pas à mes appels. Je ne voulais pas que la personne la plus haut placée chez MCI rentre chez elle de mauvaise humeur, alors j'ai fait des pieds et des mains pour faire de son voyage quelque chose d'intéressant. Je lui ai demandé ce qu'il aimerait voir en Israël. Le premier endroit qu'il a mentionné était la mer Morte, le célèbre lac qui sépare le pays de Jordanie, à l'est du lac, d'Israël, à l'ouest. Le trajet ne durait qu'une heure et demie, mais en chemin, j'ai crevé. Je n'oublierai jamais mes patrons assis dans la voiture, me regardant changer le pneu sous une chaleur torride. N'oubliez pas que nous étions tous vêtus de nos plus beaux costumes d'affaires pour la grande réunion qui n'avait pas encore eu lieu. J'étais trempé de sueur et je me suis dit : « *C'est juste un de ces jours. Ne te laisse pas décontenancer* ».

La première étape de notre voyage a été Masada, une ancienne forteresse située au sommet d'un majestueux plateau rocheux dans le désert de Judée et surplombant la mer Morte. C'est l'une des attractions touristiques les plus populaires d'Israël et un lieu d'une grande importance historique pour le judaïsme. En montrant à Blumenfeld, qui est également juif, ce site classé au patrimoine mondial de l'UNESCO, nous avons tous été très émus. Masada est le symbole de la destruction violente de l'ancien royaume d'Israël par l'armée romaine en 73 après J.-C., qui a conduit à la diaspora du peuple juif. Me tenir sur cette terre sacrée avec mes deux patrons est un souvenir que je n'oublierai pas.

Ce que beaucoup de gens ignorent à propos de la mer Morte, c'est qu'il s'agit de l'endroit le plus bas de la planète, la surface du lac se situant à 430 mètres *au-dessous* du niveau de la mer. La descente en voiture depuis les hauteurs de Massada offrait des vues panoramiques époustouflantes. Je me souviens que Blumenfeld était impressionné par cette expérience. Lorsque nous sommes arrivés en bas, nous avons déjeuné et bu des boissons rafraîchissantes au bord de l'eau et nous avons essayé de nous rafraîchir. La température était supérieure à 40°c, un temps merveilleux pour une visite en costume d'affaires.

Après notre repas, il était temps de remonter la montagne en direction de la maison. Ayant récupéré du chaos automobile de la matinée, j'espérais que le voyage se déroulerait sans encombre. Malheureusement, cela n'a pas été le cas. Entre la chaleur extrême de la journée et la pente raide de la route, ma voiture a surchauffé et j'ai dû m'arrêter pour la laisser refroidir. Quelle journée ! Nous avions vécu une aventure extraordinaire, mais je commençais à me sentir maudit. Lorsque nous sommes enfin rentrés à la maison, j'ai demandé à Blumenfeld ce qu'il voulait faire pour son dernier jour en Israël. Il m'a surpris en demandant à visiter une unité des Forces de défense israéliennes (FDI). Rétrospectivement, c'était logique. Non seulement il était juif, mais il était aussi un vétéran du Vietnam. J'ai tiré toutes les ficelles que j'avais au ministère de la défense, expliquant à tout le monde à quel point mon patron était important et influent. Finalement, nous avons été autorisés à assister à un exercice d'une unité de combat sur le plateau du Golan, à la frontière syrienne. J'ai dit à Blumenfeld que je viendrais le chercher à son hôtel à 7 heures le lendemain matin, et j'ai demandé à mon frère, Aaron, si je pouvais emprunter sa voiture parce que la mienne n'était pas en état de faire un autre long trajet.

Lorsque je me suis présenté à l'hôtel à l'heure le lendemain matin, Blumenfeld dormait encore. J'ai demandé à son secrétaire de le réveiller. L'homme était manifestement abasourdi par mon audace. « Le président-directeur général de MCI ne se laisse pas interrompre dans son sommeil, M. Shaked ». Blumenfeld s'est finalement réveillé à 8 heures, a pris son petit-déjeuner et est monté dans la voiture de mon frère. Grâce à une conduite un peu folle de ma part, nous sommes arrivés à temps sur les hauteurs du Golan, à environ deux heures et demie de route. Le président-directeur général de MCI a suivi l'exercice militaire avec beaucoup d'enthousiasme, a fait le tour de la frontière, a observé les positions syriennes à l'aide de jumelles et a écouté attentivement les explications sur la guerre des six jours en 1967 entre Israël et une coalition d'États arabes et sur la guerre du Kippour en 1973. Il a parlé avec des soldats et des commandants, échangé des plaisanteries et s'est fait photographier avec eux.

Sur le chemin du retour, j'ai amené mon important visiteur chez ma mère pour le dîner. C'était sans précédent chez MCI. Aucun représentant d'entreprise dont j'avais entendu parler n'avait reçu un cadre de MCI chez lui. Ma mère a toujours eu la capacité de préparer des repas fabuleux sans préavis, et ce soir-là n'a pas fait exception. Elle nous a servi un délicieux plat de poisson farci et a eu une conversation animée avec mon patron sur la maison de ses parents en Europe. Nous avons quitté Netanya à minuit, Seth Blumenfeld ayant presque oublié la raison de sa venue en Israël. Il peut être courant d'emmener des personnes importantes dans des restaurants et des cafés chics et d'organiser des réunions dans des hôtels cinq étoiles. Mais j'ai toujours préféré recevoir la plupart de mes invités dans la maison de mon enfance, à Netanya. Il n'y a rien de tel que l'hospitalité familiale pour rapprocher les gens et forger des relations plus étroites.

Je me souviens en particulier d'une visite en Israël du vice-président de MCI, Vint Cerf, qui était chargé de développer les technologies du futur. Cerf avait environ soixante-cinq ans, était malentendant et était un ancien professeur de Stanford qui, avec son partenaire commercial Bob Kahn, avait littéralement développé Internet. J'ai invité Cerf à un dîner israélien chez moi. Dalia a servi de nombreuses salades différentes ainsi que de l'humus et du *kibbeh*, de l'agneau haché farci dans des coquilles de boulgour frites avec des pignons de pin. Cerf nous a assuré qu'il n'avait pas autant apprécié un repas depuis très longtemps. Il a longuement discuté avec mes enfants, qui l'ont impressionné par leur anglais courant. Depuis leur plus jeune âge, je leur ai inculqué l'importance de savoir parler anglais. J'avais même l'habitude de masquer les sous-titres en hébreu sur notre téléviseur lorsqu'ils regardaient des films en anglais. Ma fille, Michal, avait dix-sept ans lorsque Cerf est venu dîner chez nous. Elle lui a dit que rien ne remplaçait les lettres personnelles et que, par conséquent, elle n'utiliserait jamais le courrier électronique.

Cerf s'est contenté de sourire.

— Il y a un être humain derrière chaque ordinateur, lui a-t-il dit. Tu verras. Tu changeras d'avis.

Il avait raison, bien sûr.

20

Du monopole à la concurrence

Après le départ de Seth Blumenfeld d'Israël, j'ai eu plusieurs réunions avec le ministre des communications Yaacobi, continuant à faire pression pour plus de concurrence dans le secteur des télécommunications et la fin du monopole de Bezeq, mais en vain. En mars 1990, un vote de défiance précipité par un désaccord sur le processus de paix au Moyen-Orient a entraîné la chute du gouvernement du Premier ministre Yitzhak Shamir et Yaacobi n'était plus ministre. Il est remplacé par Raphael Pinhasi, du parti ultra-orthodoxe Shas. Juif très religieux, Pinhasi ne s'intéressait pas particulièrement à la communication. Il n'avait même pas de télévision chez lui. Pour les juifs ultra-orthodoxes, les programmes télévisés étaient considérés comme moralement inappropriés et comme une mauvaise influence, en particulier pour les enfants. D'un autre côté, il avait travaillé dans l'industrie lucrative du diamant et avait un sens aigu des affaires.

Dès notre première conversation, il a immédiatement compris qu'il fallait briser le monopole de Bezeq en créant une concurrence dans les appels internationaux. La réunion devait durer trente minutes, mais nous avons fini par parler pendant huit heures d'affilée. Nous nous sommes fortifiés en buvant des litres de thé horriblement sucré. À la fin de la réunion, il m'a demandé sans détour :

— Seriez-vous prêt à concurrencer Bezeq vous-même ?

— Bien sûr, ai-je répondu.

C'était exactement le type de défi nouveau et excitant dont j'avais toujours rêvé. Il s'agissait également d'une opportunité incroyable de développement économique et personnel. Je n'étais pas en Israël lorsque ma femme, Dalia, a reçu l'appel téléphonique m'annonçant que j'avais obtenu une licence pour exploiter un service d'appels internationaux à prix réduit. Elle m'a dit qu'il y aurait une cérémonie festive au bureau du ministre le lendemain à Jérusalem. Ma femme devait accepter la licence en mon nom, mais comme le ministre des communications Pinhasi ne serrait pas la main des femmes en raison de ses pratiques religieuses strictes, il a demandé à Paulina Weisman, l'un de ses principaux collaborateurs, de remettre la licence à Dalia et de lui serrer la main à sa place.

Lorsque je suis revenu en Israël et que j'ai regardé la licence, je me suis dit : « Et maintenant ? ». Je n'avais aucune idée de ce que je faisais. J'ai appelé MCI et j'ai proposé un partenariat pour les appels internationaux. Ils ont refusé, disant que le volume était trop faible en Israël. Ils m'ont toutefois dit qu'ils n'étaient pas opposés à ce que je propose moi-même des appels à prix réduit. Je me sentais comme quelqu'un qui venait de recevoir un cadeau magnifique mais peu pratique. Pour compliquer les choses, une semaine après avoir reçu ma licence, j'ai été appelé à faire partie de la réserve de l'armée, ce qui est obligatoire en Israël. À ma base d'entraînement, j'ai rencontré un officier du nom d'Ami Harel, qui avait été PDG de Telrad aux États-Unis à un moment donné et qui avait ensuite travaillé avec Dan Goldstein, un expert en investissement qui a ensuite fondé Formula Systems. J'ai dit à Ami que j'avais obtenu une licence pour effectuer des appels internationaux, mais que je n'avais pas encore élaboré de plan. Il s'est montré très enthousiaste à l'idée de concurrencer Bezeq. À la fin de notre service de réserve, il m'a proposé de fonder Adir Ltd. en partenariat avec Dan Goldstein. J'ai accepté sur-le-champ.

La licence nous permettait d'effectuer des appels téléphoniques à prix réduit vers les États-Unis. Pour ce faire, nous devions établir une connexion rapide entre Israël et les États-Unis. J'ai contacté le service local de commutation de Bezeq pour savoir où, en Israël, la société pouvait mettre au moins mille lignes à notre disposition. On m'a répondu qu'ils venaient d'achever l'extension de leur grand central téléphonique dans la ville de Rishon LeZion, juste au sud de Tel Aviv, et qu'ils pouvaient nous fournir les lignes dont nous avions besoin, mais seulement dans un rayon de cent mètres autour du central de Bezeq. Nous avons donc loué une maison qui se trouvait juste à l'intérieur de la zone et nous avons immédiatement reçu les lignes dont nous avions besoin, ce qui nous a permis de téléphoner hors d'Israël sans payer les frais de Bezeq. Mais nous avions encore besoin d'une connexion avec les téléphones américains. Après des recherches fiévreuses, j'ai découvert qu'il existait un central sophistiqué dans un sous-sol de MCI à Manhattan, qui traitait une grande partie des communications de la société. En échange de 50 000 dollars par mois, j'ai acheté le droit de l'utiliser.

À ce stade, il était temps de trouver des clients, ce qui était facile car je proposais des appels à la moitié du tarif de Bezeq. Ils facturaient 3 dollars la minute, et nous 1,50 dollar. Les clients ont été ravis des économies réalisées et nous avons rapidement eu une longue liste de consommateurs ravis d'utiliser notre service. En outre, dès le départ, nous avons réalisé un bénéfice substantiel.

Nous avons été le seul concurrent de Bezeq pendant trois mois. Pendant ce laps de temps, nous avons gagné beaucoup d'argent. Mais la concurrence est arrivée sous la forme de David Reichmann, multimillionnaire ultra-orthodoxe et fils aîné du magnat juif canadien Ralph Reichmann, qui avait fait fortune dans l'immobilier. David avait vendu sa part des actifs familiaux pour 100 millions de dollars (certains parlent de 200 millions de dollars) et voulait faire des affaires en Israël. Il a donc immigré avec son épouse suisse, Rachel, et s'est installé dans une villa opulente dans la ville religieuse de Bnei Brak, près de Tel Aviv. Là, il a été accueilli à bras ouverts. Plus jeune, il avait étudié dans une yeshiva de la ville et s'était fait un nom en tant que génie du Talmud. Il était réputé pour être un homme humble, pieux et un mari dévoué qui prenait toutes ses décisions professionnelles avec sa femme.

Après avoir étudié différentes possibilités d'affaires, Reichmann, âgé de trente ans, a conclu qu'il pourrait faire fortune s'il obtenait lui aussi une licence de rabais. Pour obtenir de l'aide, il s'est tourné vers le rabbin Schach, le chef spirituel vénéré de la yeshiva de Ponevezh où David avait étudié. Schach était bien plus qu'un simple rabbin respecté. Il était le fondateur de deux partis ultra-orthodoxes clés, le parti séfarade Shas et le parti ashkénaze Torah Flag et, à ce titre, comptait parmi les personnalités politiques les plus puissantes du pays. La famille Reichmann comptait parmi les principaux soutiens financiers du rabbin. Schach a donc ordonné au nouveau ministre des communications, Raphael Pinhasi, nommé par le Shas, de se présenter à une réunion de minuit et l'a convaincu d'accorder une licence d'appel international à Reichmann. La licence a été délivrée immédiatement et Reichmann a fondé Darcom, le mot étant une combinaison de ses initiales et de celles de sa femme.

Reichmann vivait comme un roi. Il s'est fait conduire dans la première Lexus jamais importée en Israël et s'est entouré d'une foule de conseillers et de consultants. Il a nommé Zvi Amid, l'ancien PDG de Bezeq, PDG de Darcom et lui a demandé de copier toutes les méthodes de travail de mon entreprise. La nouvelle société de Reichmann, qui n'employait que quatre personnes, a contacté un centre de communication aux États-Unis et a signé avec un grand nombre de clients israéliens que nous n'avions pas attirés. À l'époque, bien sûr, il n'y avait pas de pénurie de clients ; tout le monde voulait des appels à prix réduit vers l'étranger.

Pendant plusieurs années, ma société, Adir, et Darcom se sont très bien comportées, engrangeant d'importants bénéfices, même après la mort soudaine de Reichmann en 1994. Le seul à ne pas profiter de la forte demande de tarifs d'appel réduits était le nouveau PDG de Bezeq, Yitzhak Kaul. Avec une colère grandissante, il voyait ses clients se tourner vers Adir ou Darcom. Il ne pouvait rien faire contre Reichmann, qui avait obtenu sa licence par des voies légales, mais il a identifié un conflit d'intérêts dans ma position, qu'il a décidé d'exploiter. Il a contacté les dirigeants de MCI et leur a demandé de faire pression sur moi pour que je liquide Adir parce que je causais des pertes gigantesques à Bezeq. La direction de MCI a paniqué. La société avait des contrats à long terme avec Bezeq et dépendait de la bonne volonté de Kaul lorsque des divergences d'opinion surgissaient entre les deux sociétés. MCI ayant besoin de Kaul et de Bezeq, l'équipe de direction de la société a promis de s'occuper du problème. Le lendemain, MCI m'a appelé et m'a lancé un ultimatum : soit MCI, soit Adir. Me trouvant à la croisée des chemins, j'avais très envie de continuer à représenter MCI mais je gagnais beaucoup plus d'argent chez Adir, je suis allé voir mon père pour lui demander conseil.

Je lui ai parlé de l'ultimatum.

— Que dois-je faire, papa ?

Il m'a écouté attentivement, puis m'a demandé :

— As-tu épuisé toutes les possibilités de travail avec les Américains ?

— Non, ai-je répondu. Pas encore.

— Dans ce cas, laisse tomber Adir et reste chez MCI.

Ce n'était pas la réponse que je voulais entendre, mais je me suis fié à l'opinion de mon père et j'ai décidé de vendre ma part d'Adir. J'ai évalué la valeur de ma moitié de la société à 5 millions de dollars. Mon associé, Dan Goldstein, qui possédait déjà Formula Systems, une société de technologie de l'information, n'a pas contesté le prix, mais il n'a pas voulu faire une transaction au comptant. Au lieu de cela, il m'a proposé l'équivalent en actions de sa société Idan Ltd, cotée au Nasdaq.

Je n'étais pas sûr de l'offre et je suis allé consulter mon avocat, Yaacov Ne'eman, qui m'a demandé si j'avais déjà gagné un million de dollars.

— Non, pas encore, ai-je répondu.

— Tout d'abord, assure-toi d'avoir un million de dollars en liquide. Ensuite, tu pourras acheter des actions.

J'ai essayé de le convaincre que l'offre qui m'avait été faite semblait très généreuse.

Ne'eman a montré sa porte et, à voix basse, a dit :

— Mon jeune ami, si tu n'aimes pas mes conseils, cherche un autre avocat.

Je n'avais aucune envie de changer de cabinet. Je travaillais avec Ne'eman depuis des années et je savais qu'il me donnait toujours des conseils judicieux. Je me suis dit qu'il serait sage de l'écouter cette fois-ci aussi.

Nous avons rencontré Dan Goldstein et je lui ai dit que j'avais décidé de rejeter son offre. Il ne comprenait pas pourquoi je renonçais à 5 millions de dollars d'actions dont la valeur, selon lui, ne pouvait qu'augmenter, mais nous nous sommes quittés en bons termes.

En fin de compte, j'ai été très heureux d'avoir résisté à son offre et d'avoir écouté mon avocat, car Idan a fini par disparaître et mes actions n'auraient plus rien valu.

J'ai ensuite approché Dov Tadmor, PDG de Discount Investments. Je me souviens encore de notre rencontre. Dov buvait de petites gorgées de café turc, préparé par son assistant exactement comme il l'aimait, tandis que je lui proposais ma part d'Adir en échange de 5 millions de dollars en espèces. Il semblait s'être préparé à notre rencontre et avoir appris tout ce qu'il pouvait sur Adir par l'intermédiaire de Micha Angel, son directeur du développement commercial.

— J'en suis arrivé à la conclusion que votre part dans l'entreprise valait 1,5 million de dollars, et c'est exactement ce que je suis prêt à vous donner en liquide, a déclaré Tadmor avec beaucoup de conviction.

J'ai fait un rapide calcul dans ma tête et j'ai réalisé que je n'obtiendrais probablement pas une meilleure offre. Et puis, 1,5 million de dollars en liquide à l'époque, ce n'était pas négligeable. J'ai accepté l'offre, mais il m'arrive souvent de regretter ma décision de vendre. Vendre une entreprise florissante, c'est comme couper un membre d'une créature vivante. Vous construisez votre entreprise pour réaliser un rêve, fournir un emploi à vous-même et à d'autres, et créer quelque chose de significatif et de durable. Lorsque les fondateurs vendent et quittent leur entreprise, nombre d'entre eux perdent leur motivation et ne s'en remettent jamais. Ces entreprises finissent par être absorbées par leur nouvelle direction, qui ne traite pas l'entreprise ou la culture d'origine avec la même révérence ou le même respect que le fondateur. C'est malheureusement le cas d'Adir, qui a été progressivement absorbée par d'autres entreprises jusqu'à ce qu'elle perde complètement son identité.

21

La personne la plus folle que j'aie jamais rencontrée

Adir n'était plus à moi, et je me suis retrouvé à me demander une fois de plus : « Quelle est la prochaine étape ? » Heureusement, MCI m'a offert une opportunité imprévue. Parmi les nombreux services de la société, l'un d'entre eux en particulier se portait très bien aux États-Unis : les cartes téléphoniques pour les voyageurs d'affaires qui passaient des appels internationaux à partir d'hôtels qui, à l'époque, facturaient ces appels à des prix exorbitants. Par exemple, un appel vers Israël depuis un hôtel américain pouvait coûter jusqu'à 15 dollars la minute ! La carte téléphonique de MCI offrait une solution de contournement peu coûteuse. Un code secret était incorporé dans la carte MCI, et lorsque les clients utilisaient ce code, ils pouvaient obtenir une ligne directe vers n'importe quel endroit du monde à un tarif très réduit. À la fin du mois, les clients recevaient un relevé de compte MCI indiquant les économies réalisées, généralement importantes.

Le partenaire de MCI dans cette entreprise était Visa International. Les dirigeants de Visa International ont déclaré qu'ils étaient réceptifs à l'idée de la carte téléphonique, mais qu'ils voulaient que la décision soit prise par chaque pays. MCI m'a donc demandé de trouver un accord rapide avec Visa Israël. J'ai pris rendez-vous avec Yaacov Dior, PDG de Visa Israël, dans les bureaux de la société à Givatayim, juste à l'est de Tel Aviv. Dior était un homme charmant, un manager charismatique et un spécialiste du marketing par excellence. Il a mené Visa de succès en succès. Il avait déjà un million de clients. Il n'y avait pas un seul fabricant en Israël qui ne frappait pas à sa porte pour promouvoir de nouveaux produits ou services.

Dès que je suis entré dans le bureau de Dior, j'ai compris que j'avais des problèmes. Il ne connaissait rien aux cartes téléphoniques. Il ne s'intéressait qu'à la vente de cartes de crédit locales et internationales à ses clients de plus en plus nombreux. Toute idée sortant de ce cadre n'était pas censée être portée à son attention. Les nouvelles idées devaient passer par l'équipe de développement commercial qui, à son tour, lui présentait ses conclusions. Je me trouvais au mauvais endroit et je craignais que Dior ne me laisse pas mener la conversation là où je voulais qu'elle aille. Au milieu de la conversation, j'ai donc changé de vitesse et pris les choses en main. J'ai dit à Dior que je n'étais pas là pour lui vendre une nouvelle idée, mais pour mettre en œuvre une idée qui avait déjà été discutée lors d'une réunion entre MCI et Visa International. J'ai ensuite présenté une enquête que j'avais commandée et qui montrait qu'au moins cinquante mille utilisateurs de Visa pourraient trouver la carte téléphonique utile. J'ai expliqué que la carte pouvait réduire de moitié les factures de téléphone, non seulement pour les appels provenant d'hôtels situés aux Etats-Unis, mais aussi pour les appels provenant d'hôtels situés dans les soixante pays où MCI opère. J'ai insisté sur le fait que la carte téléphonique pourrait donner à Dior et à Visa Israël un avantage sur les autres sociétés de cartes de crédit. Je lui ai remis un catalogue MCI contenant des informations détaillées sur les avantages de la carte. J'ai également précisé que Visa pouvait gagner de l'argent non seulement sur les transactions effectuées par les titulaires de cartes à l'étranger, mais aussi sur leurs appels téléphoniques. Pourtant, Dior ne semblait pas impressionné. Ma proposition impliquait des changements importants, et de nombreux dirigeants prospères n'aiment pas le changement. J'ai tenté de lui faire croire qu'avec Visa International qui recommandait la carte d'appel MCI, il avait besoin de mon aide pour effectuer le changement. Mais Yaacov Dior n'était pas un débutant. Il savait que la décision finale ne dépendait que de lui. Notre réunion s'est terminée au bout d'une heure, Dior me disant poliment que l'idée était intéressante mais qu'elle n'allait pas se concrétiser. Néanmoins, pour respecter le protocole, il a déclaré qu'il soumettrait l'idée à son service de développement commercial.

Je suis reparti avec un sentiment d'échec. À ce stade de ma carrière, j'avais réussi à vendre de nombreuses idées, produits et services dans de nombreux domaines différents, même lorsque l'argumentaire était difficile. Mais cette fois-ci, ma tactique n'avait pas fonctionné. Je supposais que l'équipe de développement commercial de Dior dirait également non et je pensais qu'il n'y avait rien que je puisse faire pour influencer le résultat. Mais s'il est une chose que j'ai apprise sur la réussite, c'est bien celle-ci : le seul moyen d'échouer vraiment est d'arrêter d'essayer. Toutes les personnes qui ont réussi que j'ai connues ont tout simplement refusé d'abandonner, quels que soient leurs échecs. L'échec peut souvent nous en apprendre plus sur la réussite que n'importe quoi d'autre. Tout au long de ma vie, j'ai collectionné mes échecs et mes revers comme autant de petits cadeaux. Aujourd'hui encore, chaque fois que je me sens stagnant ou perdu, je les sors pour me rappeler ce que j'ai surmonté pour arriver là où je suis dans le monde.

Deux semaines après ma rencontre avec Dior, j'ai appelé son service de développement commercial pour faire le point. Les choses ne semblaient pas prometteuses, mais j'étais déterminé à faire changer les choses.

— Nous avons un problème avec votre carte de visite, a déclaré l'un des responsables de l'équipe pour entamer la conversation. Le produit est assez attrayant, mais nous ne pouvons pas le recommander.

Ce que je craignais est en train de se réaliser. Pourtant, je voulais savoir pourquoi ils le rejetaient.

— C'est très simple, M. Shaked. Nous risquons de perdre de l'argent.

— Comment ? ai-je demandé, surpris.

— Eh bien, pensez à ce qui pourrait arriver si les clients utilisaient mal leurs cartes téléphoniques.»

— D'accord, je vous écoute. Pouvez-vous me donner un exemple ? ai-je demandé, curieux.

— Bien sûr. Par exemple, certaines personnes pourraient utiliser la carte et prétendre qu'elles n'ont pas passé l'appel. Que ferons-nous si MCI nous facture des centaines de milliers de dollars pour des appels que nos clients prétendent n'avoir jamais passés ? De plus, des personnes pourraient voler le code secret et accumuler d'énormes factures. Qui couvrirait ces coûts ?

Je savais que ma réponse ne leur plairait pas, mais c'était la ligne officielle de mon entreprise.

— Selon les directives de MCI, Visa devrait payer.

— M. Shaked, je suis sûr que vous comprenez que ce serait une situation impossible pour nous.

Je n'avais pas de réponse. Il ne m'était pas venu à l'esprit que Visa Israël rejetterait mon offre parce qu'elle craignait des dommages dus à la fraude. Je me suis reproché de ne pas m'être préparé à cette question à l'avance. Mon père m'avait appris à voir les choses dans leur ensemble, dans leurs moindres détails. Comment avais-je pu oublier une leçon aussi importante ?

— Merci pour votre proposition, me dit le chef d'équipe, mais, comme nous l'avons dit, le risque est trop grand.

Alors que la réunion se terminait, j'ai réalisé qu'ils avaient évalué les risques de la carte de visite, mais pas ses avantages. Je savais ce qu'il me restait à faire pour remonter la pente.

— Laissez-moi consulter MCI à ce sujet et revenir vers vous.

J'ai immédiatement appelé le siège de MCI et j'ai raconté à mon patron mes réunions avec Visa Israël. Il n'a pas été surpris. Il m'a dit que tous les représentants de MCI en dehors des États-Unis avaient fait des rapports similaires. « Nous avons échoué partout à cause des problèmes de fraude », a-t-il expliqué. « Nous n'avons pu vendre la carte téléphonique à aucun pays ».

J'ai passé les deux semaines suivantes à explorer de nombreux moyens de résoudre le problème de la fraude, mais aucun ne s'est avéré réalisable de près ou de loin. Puis, par pure coïncidence, j'ai lu un rapport annuel sur la fraude bancaire dans un journal financier, qui disait que les gens croient que la fraude bancaire est répandue, alors qu'en réalité, il n'y a que très peu de cas. J'ai lu le rapport deux ou trois fois. La conclusion : la plupart des gens sont honnêtes. Il y a très peu d'escrocs. J'ai appelé MCI pour vérifier si le rapport était juste, mais on m'a dit que la société ne disposait pas de données précises sur la fraude. Ne disposant que du rapport, j'ai décidé de prendre le plus grand risque de ma vie. Je couvrirais *personnellement* les dommages financiers causés si les consommateurs utilisaient abusivement la version Visa Israël de la carte téléphonique de MCI. Non seulement je pensais que le nombre de cas serait faible, mais j'avais suffisamment appris sur les communications et les échanges électroniques pendant mon séjour dans le corps des communications de l'armée israélienne pour pouvoir mettre au point un système permettant de réduire les activités frauduleuses lorsqu'elles se produisaient.

J'ai demandé à MCI d'envoyer à Visa Israël un projet d'accord stipulant que je serais responsable de tout dommage financier causé par une fraude à la carte téléphonique. Le moins que l'on puisse dire, c'est qu'ils étaient stupéfaits.

— M. Shaked, vous réalisez que vous devrez payer des centaines de milliers de dollars par mois, n'est-ce pas ?

— Oui, c'est possible. Je suis prêt.

— Où allez-vous trouver cet argent ?

— Dans mes économies.

— Voulez-vous y repenser ?

J'ai toujours détesté cette question.

— Merci, mais c'est déjà fait.

— D'accord, a répondu la personne choquée à l'autre bout du fil. Nous vous enverrons un contrat révisé.

J'ai organisé une réunion urgente avec Dior de Visa Israël pour lui faire part de ma décision de payer les dommages de ma poche. Il était aussi stupéfait que les gens de MCI.

— Vous savez ce qui va se passer, m'a-t-il dit, avec de la pitié dans les yeux.

— Quoi ?

— Vous serez en faillite avant la fin de l'année.

— Je n'en suis pas si sûr, ai-je dit en forçant un sourire.

— Avi Shaked, m'a-t-il dit, vous êtes la personne la plus folle que j'aie jamais rencontrée.

Peut-être, me suis-je dit, *mais j'ai obtenu le marché !*

22

Craintes de fraude téléphonique

La promesse de tarifs téléphoniques moins chers a fait son effet dans le cadre de l'accord MCI-Visa Israël, et bientôt presque tous les Israéliens qui font des affaires à l'extérieur du pays sont devenus des clients. J'étais ouvert à l'idée de couvrir une fraude éventuelle, et j'avais entendu parler d'escroqueries très sophistiquées perpétrées aux États-Unis. Par exemple, à New York, des criminels chinois équipés de jumelles surveillaient les cafés et les restaurants et filmaient les gens en train d'entrer leur code secret dans les cabines téléphoniques de l'établissement. Une fois le code obtenu, ils fabriquaient de fausses cartes téléphoniques et les vendaient pour 5 dollars dans le quartier chinois. On m'a dit que les personnes qui achetaient les fausses cartes appelaient la Chine et restaient au téléphone pendant des heures, et que la société émettrice de la carte téléphonique devait couvrir les dommages financiers.

J'avais souscrit une assurance pour couvrir les pertes attendues, mais je l'ai rapidement annulée parce qu'elle n'était pas nécessaire. Comme je l'avais prédit, il y a eu très peu de cas de fraude - et les cas de fraude qui se sont produits étaient simples. La plupart des clients affirmant qu'un étranger avait utilisé leur carte téléphonique se trompaient tout simplement. Je le savais parce que j'ai personnellement enquêté sur chacune de ces plaintes. Lorsque les gens disaient qu'ils n'avaient pas passé un appel particulier, j'appelais le numéro, je vérifiais le nom de la personne qui avait été appelée et je lui demandais quelle était sa relation avec le client détenteur de la carte téléphonique. Ensuite, je retournais voir le client à carte téléphonique et je lui exposais les faits. *Dans tous les cas* - et je n'exagère pas - le client retirait sa plainte et admettait qu'il avait simplement oublié qu'il avait lui-même passé l'appel. Mon système fonctionnait à merveille.

Le programme de cartes téléphoniques se développait rapidement et le volume devenait écrasant. Je me suis demandé si Uri Etkowitz, le petit génie de l'informatique que j'avais rencontré à Petah Tikva quelques années plus tôt, pourrait automatiser une solution. Nous nous sommes rencontrés et avons discuté du problème et des solutions. J'ai dressé une liste de signaux d'alarme qu'il devait surveiller, comme les appels simultanés utilisant le même code secret de carte téléphonique ou les appels anormalement longs, ainsi qu'une liste de clients qui avaient refusé de payer dans le passé ou qui étaient en retard dans leurs paiements. Uri a écrit un programme informatique conçu pour révéler les aberrations dans les appels téléphoniques des cartes téléphoniques et identifier les fraudes potentielles et les cartes volées. Son programme était d'une grande beauté et nous sommes devenus des amis proches. Lorsqu'il a été incorporé dans les forces de défense israéliennes en tant que membre de la filière universitaire de l'armée pour l'ingénierie informatique ( ), nous sommes restés en contact. Une fois libéré, il est revenu travailler pour moi.

Le commerce des cartes téléphoniques s'est avéré être mon activité la plus lucrative. À la fin, je gagnais un demi-million de dollars par mois pendant l'été, la haute saison. Mais comme dans toutes les entreprises prospères, la concurrence finit par se manifester - et oui, la concurrence utilisait probablement mes cartes téléphoniques pour discuter de ses projets au début ! En 1996, Bezeq a créé Bezeq International et a commencé à vendre ses propres cartes téléphoniques. Les clients ont commencé à changer de fournisseur. Puis Visa Israël a soudainement rompu ses liens commerciaux avec moi parce que Bezeq était une société israélienne et que MCI était américaine. Je ne pouvais rien faire pour changer cette réalité, j'ai donc encaissé le coup. J'ai continué à représenter MCI, mais j'étais effondré d'avoir perdu face à la concurrence.

23

La dernière surprise
de mon père

Lors d'un dîner familial du vendredi soir chez mes parents, la discussion a dérivé sur mes problèmes avec Visa Israël. Mon père a levé les yeux de sa soupe et m'a demandé :

— Pourquoi ne peux-tu pas avoir une entreprise comme Visa Israël ?

— Il faudrait beaucoup de gros investisseurs, papa, ai-je répondu en souriant.

— Qui possède Visa Israël ? demande-t-il.

La banque Leumi. Tu sais, la plus grande banque d'Israël.

— Alors pourquoi ne peux-tu pas avoir ta propre banque ?

Ce genre de réflexion audacieuse n'était pas du tout dans les habitudes de mon père et c'est peut-être la raison pour laquelle je me souviens si bien de cette conversation. L'homme qui avait toujours rejeté mes projets d'expansion m'encourageait maintenant à atteindre des sommets qu'il n'avait jamais osé atteindre lui-même. Si j'étais psychologue, je conclurais probablement qu'il s'agissait d'une tentative par procuration de réaliser quelque chose qu'il avait refoulé toute sa vie.

Sur le chemin du retour, j'ai dit à Dalia :

— Mon père m'a donné matière à réflexion. Pourquoi ne devrais-je pas suivre son conseil ? N'est-il pas temps pour moi de jouer en première division ?

— Oui, je pense que c'est le moment, a-t-elle répondu en souriant.

J'ai commencé à chercher ma prochaine grande opportunité. Ironiquement, Bezeq, qui avait été mon ennemi juré lors de compétitions antérieures dans le domaine des télécommunications, allait servir de catalyseur pour ma prochaine opportunité. Toujours en situation de monopole et capable de pratiquer des tarifs exorbitants, Bezeq faisait l'objet d'un examen minutieux. Les hommes d'affaires, les industriels et les exportateurs se plaignaient fréquemment auprès de la ministre israélienne des communications, Shulamit Aloni, des coûts élevés qu'ils étaient obligés de payer pour les appels téléphoniques internationaux par l'intermédiaire de Bezeq. Elle a reconnu que c'était trop.

Afin d'examiner la question de manière plus approfondie, le gouvernement a mis en place un comité dirigé par David Boaz, qui supervisait le département du budget au ministère des finances d'Israël. Après avoir fait preuve de diligence raisonnable sur le sujet, la commission a recommandé qu'il était dans l'intérêt des utilisateurs, particuliers et entreprises, d'avoir accès à des services téléphoniques de haute qualité à un prix raisonnable. La commission a noté que cela était particulièrement important pour les branches de l'économie qui avaient besoin de services téléphoniques de haute qualité à un prix raisonnable pour assurer une croissance rapide.

Les recommandations de la commission Boaz ont joué directement en faveur d'Aloni, au moment opportun. Finalement, le comité a officiellement recommandé la déréglementation et la rupture du monopole de Bezeq. Il n'est pas surprenant que les dirigeants de Bezeq aient été pris de panique et aient fait appel. Les appels internationaux représentaient un tiers de ses revenus et environ 40 % de ses bénéfices. Un autre comité, dirigé par l'économiste Ilan Maoz, a été formé pour examiner les objections de Bezeq, mais celles-ci ont également été rejetées. Bezeq a alors fait appel à la Cour suprême, qui l'a également déboutée. Peu après, la ministre des communications, Mme Aloni, a lancé un appel pour que deux autres fournisseurs d'appels internationaux obtiennent des licences afin de concurrencer Bezeq International. C'était ma chance de jouer dans la cour des grands. Il n'y aurait plus de cartes téléphoniques ni de codes secrets. Des entreprises comme la mienne permettraient aux clients de contourner les tarifs élevés de Bezeq en utilisant des technologies de rappel. Cela signifierait des appels internationaux directs et abordables qui pourraient être facilement passés à partir du téléphone du client.

Le ministère des communications a tenté de simplifier la procédure d'appel d'offres en précisant que les entreprises retenues seraient celles qui offriraient les tarifs les plus bas pour les appels internationaux. La compétition pour l'obtention d'une licence d'opérateur international s'annonçait difficile, complexe et coûteuse. Il fallait un groupe d'investissement non seulement pour recruter les capitaux nécessaires, mais aussi pour faire en sorte que l'offre se démarque par une démonstration impressionnante de puissance, de compétence et d'expérience. Tout d'abord, bien sûr, j'ai contacté mon réseau chez MCI. Ils avaient de l'argent, de l'expérience et des relations internationales. J'ai imaginé que MCI serait un centre de gravité pour tout groupe essayant de formuler une offre. Je me suis proposé comme partenaire à hauteur de 10 %

et j'ai promis de trouver d'autres investisseurs pour constituer le groupe gagnant. À ma grande surprise, j'ai essuyé un refus. MCI était sur le point d'être rachetée par le géant British Telecom, qui avait déjà décidé de répondre à l'appel d'offres israélien pour les appels internationaux. MCI n'avait pas l'intention d'entrer en concurrence avec la société britannique et ne se joindrait donc pas au groupe d'investissement que j'essayais de constituer. Ironie du sort, l'accord entre les deux sociétés a fini par échouer, mais pas à temps pour aider mon plan.

J'ai ensuite présenté ma proposition à la Banque Leumi, qui m'a renvoyé à sa filiale Leumi and Partners. Menachem Inbar, son PDG, était intéressé. Je lui ai expliqué pourquoi MCI ne pouvait pas rejoindre le groupe d'investissement et j'ai beaucoup parlé de ma grande expérience dans le domaine des communications internationales. Inbar m'a demandé combien j'allais investir. Je lui ai dit que ma part serait de 10 % du total. Il a fait quelques calculs et a conclu que j'aurais besoin de 10 millions de dollars.

— Vous disposez de cette somme ?

— Je peux l'obtenir, ai-je répondu avec confiance, même si je n'avais aucune idée de la manière dont j'allais trouver une telle somme.

Inbar m'a lancé un regard sceptique.

— Et si vous n'y arrivez pas ?

Je n'ai pas répondu.

— Si vous ne pouvez pas réunir l'argent, nous vous accorderons un prêt en échange de garanties.

Je n'avais aucune idée de la façon dont j'obtiendrais des garanties pour une somme aussi importante.

À peu près à la même époque, mon père est tombé gravement malade. Il entrait et sortait de l'hôpital, les médecins disant qu'il ne lui restait plus beaucoup de temps à vivre. J'ai essayé de lui rendre visite tous les jours. Nous avions de longues conversations, surtout sur les affaires. Il était devenu très à l'écoute dans sa vieillesse, ayant développé patience et sagesse. Il avait toujours donné de bons conseils, mais il était plus calme maintenant et ne m'interrompait que pour des questions pertinentes. Je m'étais tellement habitué à nos discussions rassurantes que je programmais souvent des réunions importantes en fonction de celles-ci. Je ne voulais jamais manquer le moment où je le consultais à l'hôpital. En fait, je suis allé voir mon père juste après ma réunion avec Menachem Inbar de Leumi and Partners. Il se trouve que mon père était à la maison pour cette visite et je me souviens qu'il était assis dans son fauteuil préféré, pâle et épuisé.

— Quoi de neuf, mon fils ? Est-ce que tu as déjà acheté une banque ? a-t-il demandé en essayant de sourire.

— Pas encore, papa, mais j'y arrive.

Je lui ai raconté mes problèmes. Il a plissé le front comme il le faisait toujours lorsqu'il était plongé dans ses pensées. « Ça va s'arranger, tu verras », m'a-t-il promis. Puis il a demandé à ma mère de réunir la famille pour une réunion. Ce soir-là, nous étions tous assis autour de mon père : ma mère, mon frère Aaron, qui était un dentiste prospère, et moi. Mon père m'a demandé de parler de mes efforts pour organiser un groupe afin de concurrencer Bezeq, ce que j'ai fait. Il m'a alors dit à voix basse : « La famille te garantira ce dont tu as besoin avec tout ce que nous possédons. »

Je n'en croyais pas mes oreilles. Je me suis souvenu qu'il m'avait prévenu que je m'effondrerais si je prenais des risques trop importants. Maintenant, il était là, prêt à m'aider dans ma plus grande aventure. Mes yeux se sont remplis de larmes lorsque j'ai commencé à marmonner un remerciement. Mon père, ma mère et mon frère me prirent dans leurs bras et me souhaitèrent bonne chance. J'espérais que mon père resterait en vie assez longtemps pour que je puisse conclure l'affaire. J'ai prié Dieu de le garder avec nous pour notre fête de la victoire.

24

Course contre la montre

La Banque Leumi a été un partenaire actif dans le recrutement d'autres personnes pour le groupe d'investissement, que nous avons baptisé Icarus. La banque nous a apporté Kardan Investment Ltd. qui, à son tour, nous a apporté Frontier, le quatrième opérateur de téléphonie internationale aux États-Unis. Telrad a également annoncé son intention d'entrer dans le groupe, avec la société canadienne Nortel, le fabricant des centraux téléphoniques les plus grands et les plus avancés du monde (qui a d'ailleurs fait faillite en 2008). Finalement, le groupe d'investissement Icarus était assez impressionnant, mais j'en voulais plus. Les autres soumissionnaires recrutaient tous au moins un géant international de la communication dans leurs groupes d'investissement, et je pensais qu'il nous en fallait un aussi. Mais contrairement aux autres soumissionnaires, j'ai préféré contacter des groupes de la région Asie-Pacifique, où le secteur de la communication connaissait un essor considérable. Plusieurs entreprises de la région Asie-Pacifique disposaient de capacités supérieures à celles d'entreprises similaires aux États-Unis et en Europe. J'ai pensé que la présence d'une entreprise de communication de cette région serait judicieuse et attirerait l'attention. J'ai commencé à recueillir des recommandations sur les géants des télécommunications en Chine, au Japon, en Australie, à Taïwan et en Corée du Sud.

Le champ d'action de n'importe laquelle de ces entreprises de télécommunications était bien plus vaste que celui de la société américaine Frontier. Il m'a semblé que la combinaison d'une banque et d'une société d'investissement bien connues avec deux sociétés de télécommunications, l'une de la région Asie-Pacifique et l'autre d'Amérique du Nord, serait une combinaison gagnante. À ce moment-là, je n'en avais que trois sur quatre. J'ai envisagé de refaire la manœuvre de MCI et de prendre l'avion sans rendez-vous pour aller frapper aux portes des présidents des grandes entreprises de télécommunications de toute la région Asie-Pacifique, mais des amis qui faisaient des affaires dans cette région m'ont assuré que ce n'était pas approprié. Aucun homme d'affaires chinois, japonais, coréen ou taïwanais n'aimant les surprises de ce genre, j'ai décidé d'essayer une approche plus conventionnelle, même si je n'avais pas beaucoup de temps à cause de la maladie de mon père et de l'approche de la date limite de dépôt des offres.

Tous les matins à 3 heures, je me réveillais avec mon réveil, j'allais au sous-sol et j'entamais un marathon d'appels téléphoniques à des entreprises de télécommunications en Chine, au Japon, en Corée, à Taïwan et en Australie. En raison du décalage horaire, c'était l'heure à laquelle les entreprises de ces pays commençaient leur journée de travail. Je passais inévitablement d'une réceptionniste à l'autre jusqu'à ce que quelqu'un d'assez haut placé décroche le téléphone. Je commençais alors rapidement à tout expliquer et disais que j'appelais pour leur proposer de rejoindre Icarus.

J'ai dû accumuler une facture de téléphone de 15 000 dollars le premier mois. Mais tout le monde écoutait poliment, puis disait : « Désolé, mais nous ne sommes pas intéressés ».

Alors que le manque d'intérêt à l'étranger se poursuivait, la concurrence sur le front intérieur atteignait de nouveaux sommets. Apparemment, des employés de Bezeq se sont introduits dans le bureau du PDG Shlomo Wax et ont menacé de lui faire du mal et de perturber le travail de l'entreprise s'il ne se montrait pas plus résistant aux appels d'offres. Ensuite, Telrad, qui devait faire partie de notre groupe d'investissement, s'est soudainement retiré après que le PDG de Bezeq a menacé de cesser d'acheter ses titres si l'entreprise participait à l'appel d'offres. Quelques jours plus tard, Nortel s'est également retiré pour une raison similaire.

L'éclatement de mon groupe d'investissement allait nous placer dans une situation désavantageuse si je ne redressais pas rapidement la barre. Six groupes se disputaient la même part du gâteau : Kavei Zahav, qui comprenait Aurec, une société israélienne de logiciels, et Telecom Italy ; Barak, qui comprenait une division de Clal Conglomerate ainsi que France Télécom et Deutsche Telekom ; Dolphin, avec le groupe bancaire Safra ; Eurocol, qui comprenait les sociétés de télécommunications de Suède et de Nouvelle-Zélande ; The Newton group, qui comprenait Adir et British Telecom ; et mon groupe, Icarus. J'ai senti que les autres partenaires de mon groupe commençaient à s'inquiéter. J'ai gardé mon calme, même lorsqu'il semblait que nous étions en position d'infériorité par rapport à nos concurrents. Même dans les moments les plus difficiles de ma vie, je n'ai jamais perdu la tête. J'ai maintenu le cap et cherché notre grand partenaire, quel qu'en soit le prix, et j'espérais le trouver à temps.

25

Qu'est-ce que le kimchi ?

J'ai relu ma liste des géants des télécommunications de la région Asie-Pacifique et je me suis rendu compte que j'avais oublié une entreprise : Korea Telecom. Il s'agissait d'une entreprise publique qui, à l'instar de Bezeq, fournissait des services de numérotation locale et internationale. Le chiffre d'affaires annuel de la société s'élevait à environ 20 milliards de dollars et elle employait plus de 44 000 personnes. Avec des bureaux en Europe, aux États-Unis, au Japon et en Chine, elle était connue comme l'une des entreprises de télécommunications les plus avancées au monde. Son président, le général Lee, était un personnage haut placé et très digne, doté d'une expérience militaire variée. Il contrôlait son empire des télécommunications depuis son bureau situé dans les étages supérieurs d'un gratte-ciel de Séoul.

Je n'ai pas réussi à l'avoir au téléphone ; c'est l'un des vice-présidents de la société qui s'est le plus rapproché de moi. J'ai présenté la proposition et offert à la société un partenariat. Il m'a écouté très calmement. Lorsque j'ai terminé, il n'a pas répondu, mais m'a seulement demandé si je pouvais venir à Séoul pour discuter de la proposition. J'espérais être sur le point de faire une percée. Les Coréens ne seraient certainement pas intéressés par une rencontre à Séoul s'ils n'étaient pas prêts à envisager la possibilité d'affronter Bezeq. La direction de la Banque Leumi était du même avis. Ils pensaient eux aussi que les Coréens étaient réellement intéressés.

Avant de me rendre à Séoul, j'ai lu tout ce que je pouvais sur la Corée du Sud et j'ai discuté avec des hommes d'affaires israéliens qui faisaient des affaires dans ce pays. J'ai appris qu'il s'agissait d'un pays d'environ 42 millions d'habitants, dont l'économie était l'une des meilleures au monde. J'ai découvert que Séoul abritait à elle seule pas moins de cinquante universités et que le gouvernement subventionnait les industries locales pour les développer dans des domaines prometteurs. J'ai lu que l'un des plus gros problèmes de l'industrie coréenne était le fait que la Chine copiait sans cesse ses produits et les fabriquait pour moins cher. À l'époque, le salaire moyen d'un ouvrier chinois était d'environ 200 dollars par mois. En Corée, les ouvriers gagnaient cinq fois plus.

Pour préparer le voyage, j'ai invité Dalia à dîner dans un restaurant coréen de Tel Aviv afin de me familiariser avec les plats que je rencontrerais à Séoul. La plupart des plats étaient très épicés et poivrés. Le serveur, un Coréen d'origine, m'a suggéré de goûter le kimchi, un plat d'accompagnement fermenté à base de chou chinois et assaisonné de saumure, d'ail, d'oignon, de piment rouge et de sauce de poisson. Il nous a dit que ce plat était aussi populaire en Corée que le houmous en Israël et que si j'étais invité à dîner, je ferais bonne impression en mangeant du kimchi. Cette spécialité coréenne était fermentée et dégageait une légère odeur de vinaigre. Il était si piquant et acidulé que j'en ai eu les larmes aux yeux. Le serveur a dit que les Coréens en étaient accros.

J'avais du mal à me voir devenir accro au kimchi, mais je ferais en sorte d'en manger pendant mon voyage.

J'ai également essayé d'en apprendre le plus possible sur la manière dont les Coréens mènent leurs affaires. Très lentement, m'a-t-on dit. On m'a également conseillé de ne pas m'énerver lorsqu'ils disaient « oui ». Cela signifiait simplement qu'ils vous avaient entendu, mais pas nécessairement qu'ils étaient d'accord avec vous. C'était simplement une question d'étiquette. Un associé a déclaré : « Vous ne trouverez pas ici l'improvisation israélienne à laquelle vous êtes habitué. Ils arrivent aux réunions après avoir reçu des instructions strictes de leurs supérieurs sur la manière de procéder ». C'était beaucoup à assimiler, mais j'étais déterminé.

À l'atterrissage à l'aéroport de Séoul en 1992, mon groupe de quatre personnes, moi-même, deux représentants de la Banque Leumi et un représentant de Frontier, a été accueilli à côté des escaliers de l'avion par une limousine noire avec deux escortes de motards pour nous emmener en ville. Les stewards ont veillé à ce que nous débarquions avant tout le monde, comme si nous étions des acteurs majeurs. Nous avons quitté l'aéroport par une porte VIP spéciale, ce qui nous a permis d'éviter le contrôle des passeports. Le chauffeur de limousine ganté de blanc nous a conduits à notre hôtel et nous a dit qu'il reviendrait dans la soirée pour nous emmener dîner avec des représentants de Korea Telecom, après que nous ayons eu le temps de nous installer et de nous reposer.

Je me doutais que les négociations commerciales seraient précédées d'un dîner. C'était une norme culturelle que tout le monde apprenne à se connaître d'une manière plus neutre et détendue avant de parler affaires. Ce soir-là, j'ai revêtu un costume sombre que j'avais fait faire sur mesure pour l'occasion. J'ai noué ma coûteuse cravate et soigneusement ciré mes chaussures. On m'avait dit qu'en Corée, l'apparence d'une personne reflète son rang social, alors je me suis habillé pour impressionner. Notre groupe est entré dans le restaurant où une douzaine de cadres supérieurs de Korea Telecom attendaient. Comme le veut la coutume, nous nous sommes tous salués et avons échangé nos cartes de visite. J'avais pris soin de faire imprimer des cartes de visite en coréen, que j'avais dû commander aux États-Unis, car je n'avais trouvé personne en Israël pour les faire. J'avais étudié avec soin les convenances coréennes et, lorsqu'on a apporté du vin à table, j'ai pris soin de verser un verre à chacun. En Corée, les invités sont censés remplir les verres de leurs hôtes. Je pense que la Corée est peut-être le seul endroit au monde où l'on utilise des baguettes en métal. Nous avons mangé du bulgogi, des lamelles de viande grillée à la sauce soja et à l'ail, du riz épicé avec des légumes et des œufs et, bien sûr, une grande portion de kimchi. J'ai dit à mes hôtes que j'avais mangé du kimchi en Israël et j'ai obtenu de larges sourires d'approbation lorsque j'ai demandé une deuxième portion. Nous avons parlé de tout, et pas seulement d'affaires, et nous avons essayé de nous lier d'amitié avec nos hôtes. Nous leur avons offert des souvenirs israéliens et avons écouté attentivement leurs descriptions de la vie et du travail. Nous avons appris, par exemple, qu'en Corée, il est pratiquement impossible de licencier un employé. Conformément aux bonnes manières coréennes, nos hôtes ont été particulièrement respectueux des personnes âgées du groupe. Après le repas, nous avons tous chanté des chansons coréennes à l'aide d'un écran de karaoké.

Je me suis rapproché de M. Kim, le directeur du développement commercial de l'entreprise. C'était un homme grand, amical et joyeux d'une quarantaine d'années. Il avait trois enfants, tout comme moi. Il m'a raconté qu'en Corée, les employés ne rêvaient pas nécessairement de start-ups avec des sorties rapides et des millions de dollars. Leur souhait le plus cher était plutôt de devenir PDG d'une grande entreprise. Ses propres enfants voulaient devenir PDG, car en Corée, les PDG sont les membres les plus respectés de la société. Je savais qu'il était essentiel d'établir des relations avec mes hôtes. Je me réjouissais donc d'avoir si bien réussi à m'entendre avec M. Kim. J'ai toujours apprécié les amitiés professionnelles, et il semble que ce soit également un élément clé des relations d'affaires productives en Corée.

De retour à l'hôtel, je n'arrivais pas à dormir. Avec tous les aliments inconnus et épicés, mes brûlures d'estomac me faisaient souffrir. J'ai passé la nuit à répéter la présentation de notre groupe tout en prenant des pastilles Tums®. Le matin, notre chauffeur de limousine nous a escortés jusqu'à la grande salle de conférence de Korea Telecom, au vingt-deuxième étage de leur siège social. Le vice-président du marketing et M. Kim, ainsi que de nombreux assistants, étaient là pour nous accueillir. Nos hôtes nous ont serré la main poliment, nous ont souri fixement et nous ont invités à nous asseoir à une grande table en verre. La suite a été surréaliste. J'ai présenté notre offre. Nos hôtes ont présenté leur propre offre, qui n'avait absolument rien à voir avec ce que j'avais dit. J'ai répété notre proposition, et ils ont tous hoché la tête comme s'ils étaient d'accord, mais ils sont ensuite revenus à leur propre proposition. À la recherche d'une bouée de sauvetage, j'ai cherché frénétiquement des dénominateurs communs dans les deux propositions, mais nos hôtes ne semblaient pas vouloir s'en écarter le moins du monde. Aucun Israélien n'avait jamais négocié avec quelqu'un en Corée du Sud, mais on nous avait dit qu'ils s'en tiendraient à leur version jusqu'à ce que nous nous effondrions de fatigue.

Mon nouvel ami, M. Kim, est devenu le médiateur officieux, essayant de m'aider à résoudre les nombreux points de désaccord. À partir de bribes de conversation et d'allusions voilées, j'ai compris que le président de Korea Telecom était très intéressé par l'idée d'affronter Bezeq. Nous avons découvert que, dans un passé récent, Korea Telecom avait répondu à un appel d'offres similaire en Afrique et avait perdu, ce qui rendait le général Lee très désireux de remporter une victoire rapide. Notre proposition lui est parvenue exactement au bon moment. Après quelques jours de discussions, il a été décidé qu'une délégation de Korea Telecom se rendrait en Israël pour poursuivre les discussions.

26

J'en ai assez !

Nous étions ravis que les Sud-Coréens viennent en Israël, et nous l'avons été encore plus lorsque nous avons appris que le général Lee se joindrait à la délégation d'une quarantaine d'experts dans différents domaines liés à l'appel d'offres, allant de la fibre optique et de l'internet à la tarification et aux infrastructures satellitaires. Cette initiative était dirigée par des cadres supérieurs censés mener les négociations. Nous les avons accueillis à l'hôtel Arches de Netanya, que mon père avait fait construire. Le général Lee gardait ses distances. Accompagné de trois disciples, il s'est installé dans la luxueuse suite penthouse du Hilton de Jérusalem, à environ une heure de route.

À l'hôtel de Netanya, nous avions mis en place un réseau informatique sophistiqué pour aider nos clients à communiquer avec la Corée du Sud et fournir à la délégation des informations actualisées en provenance de ce pays. L'hôtel était rempli de Coréens, de cadres de Frontier et de représentants de la Banque Leumi et de Kardan. L'ancien commandant adjoint de l'armée de l'air israélienne, Giora Romm, qui devait devenir le PDG de notre société commune de télécommunications, supervisait tout. Je ne sais pas comment ni à qui le général Lee transmettait ses directives depuis Jérusalem, mais il était clair qu'aucun de ses collaborateurs ne faisait un pas sans sa permission. Le dernier soir avant la date limite de l'appel d'offres, nous avions résolu tous les problèmes techniques qui auraient pu entraver notre collaboration. Il ne restait plus qu'à se mettre d'accord sur le prix des appels internationaux. Les Américains voulaient une tarification qui nous permette de réaliser des bénéfices, tandis que les Coréens nous incitaient à maintenir des prix bas et à accepter des pertes initiales. Ils ont fait valoir que nous pourrions générer des bénéfices grâce à des offres futures que nous pourrions ajouter à notre licence à un stade ultérieur, comme un service internet.

J'étais sûr que les couloirs de l'hôtel Arches n'avaient jamais entendu de tels cris de la part des Américains. Le chef du groupe Frontier, un homme agité, même dans les meilleures circonstances, a pris à un moment donné tous les documents d'appel d'offres devant lui, les a jetés en l'air et a crié furieusement à pleins poumons : « J'en ai assez ! ». Dehors, les habitants des immeubles voisins se tenaient sur leurs balcons, observant les luttes bruyantes et curieuses qui se déroulaient dans la salle de conférence de l'hôtel. Les Coréens, qui n'ont jamais perdu leur sang-froid, ont tenu bon jusqu'à la dernière minute. Frontier, une compagnie de téléphone longue distance, soumissionnait à l'appel d'offres pour générer des profits le plus rapidement possible, et non pour jouer le jeu à long terme. Frontier a déclaré qu'elle se contenterait de 40 centimes la minute, pas un centime de moins. À l'époque, le coût d'un appel était d'environ 2 dollars la minute, de sorte que Frontier soutenait une réduction considérable des coûts pour les consommateurs.

Au milieu de toutes ces discussions, les Coréens ont demandé un temps d'arrêt. Ils ont appelé le général Lee, lui ont parlé brièvement, puis nous ont rappelé. L'un d'entre eux a finalement déclaré : « Très bien, vous avez gagné ». L'équipe israélienne est restée neutre tout au long des négociations. Nous n'étions pas en mesure de dire à ces deux géants de l'industrie quel était le meilleur tarif, nous sommes donc restés spectateurs.

Nous avons rempli les formulaires d'appel d'offres, qui prenaient plusieurs gros cartons, et nous avons inclus les calculs estimatifs pour les appels internationaux. Nous avons envoyé la proposition d'appel d'offres au ministère des communications, nous nous sommes serré la main et nous nous sommes souhaité bonne chance. Pour fêter l'événement, nous sommes tous allés dîner dans un restaurant exclusif de Jérusalem, où j'ai rencontré le général Lee pour la première fois. C'était un homme petit et réservé d'une soixantaine d'années, avec une aura de dignité presque palpable. Tous les membres de son peuple inclinaient la tête en sa présence. Tout le monde était d'excellente humeur, sauf moi. Je m'agitais, incapable d'attendre la publication des résultats de l'appel d'offres. Je savais que cela pouvait prendre un an, voire plus, mais je soupçonnais aussi le ministère des communications de ne pas pouvoir se retenir et d'ouvrir les enveloppes dès qu'elles arriveraient pour savoir quel groupe offrait le coût le plus bas. J'étais sûr qu'ils avaient déjà décidé qui avait le plus de chances de gagner.

Je me suis souvenu qu'un haut fonctionnaire du ministère de la communication, qui vivait dans le nord d'Israël et travaillait à Jérusalem, passait quatre nuits par semaine dans un hôtel de la capitale. Je le connaissais bien pour avoir travaillé ensemble sur diverses questions de communication

internationale. J'espérais qu'il était encore en ville. Il était 23
heures lorsque j'ai appelé le réceptionniste de l'hôtel. J'ai eu
de la chance : ma connaissance était là. J'ai appelé sa chambre.
Il a décroché le téléphone, paniqué. Je me suis excusé pour
cette intrusion à une heure tardive et pour lui avoir fait peur.
Je lui ai demandé si nous pouvions nous rencontrer dans
quelques minutes. Il a été surpris mais a accepté. Nous nous
sommes retrouvés dans un coin du hall, avons pris un café
et avons bavardé pendant quelques minutes, le temps que je
trouve le courage de lui demander quelles étaient, selon lui,
les chances de mon groupe de remporter l'appel d'offres. Il
m'a regardé avec incrédulité.

— Avi, tu sais que je ne peux pas en parler, a-t-il dit en
se redressant un peu.

Je le savais, mais j'espérais qu'il me jetterait un os à ronger
en raison de notre longue relation professionnelle.

— Écoute, j'ai mis plusieurs grands projets en attente,
ai-je poursuivi, et attendre que le ministère annonce le nom
du gagnant pourrait prendre beaucoup de temps. Si nous ne
gagnons pas, je ne voudrais pas perdre de temps alors que je
pourrais poursuivre d'autres projets. Est-ce que tu pourrais au
moins me donner un indice ?

— Avi, a-t-il répété. Je ne peux absolument pas en parler.

Rien de ce que j'ai dit ne l'a fait changer d'avis. Je l'ai
remercié pour le temps qu'il m'a consacré, lui ai souhaité
bonne nuit et lui ai serré la main. Alors qu'il commençait à
monter les escaliers, il s'est retourné vers moi et m'a regardé
droit dans les yeux.

— Je te souhaite beaucoup de succès dans tes nouveaux
projets, m'a-t-il dit avec insistance.

J'ai hoché la tête sombrement, comprenant
immédiatement que nous allions perdre.

Je ne suis pas superstitieux, mais à ce moment-là, une pensée m'a traversé l'esprit à propos du nom que nous avions choisi pour notre groupe. Dans la mythologie grecque, Icare avait des ailes maintenues par de la cire. Lorsqu'il s'est approché trop près du soleil, ignorant les avertissements de son père pour satisfaire son désir de voler plus haut et plus loin, la cire a fondu et Icare a plongé vers la mort. Ce soir-là, j'ai pu m'en rendre compte. Je retournai au restaurant, où l'ambiance était encore très festive. Le général Lee plaisantait avec le personnel de la Banque Leumi et trinquait avec de nombreux verres de vin. J'étais le seul à savoir ce qui allait se passer, mais je ne pouvais rien dire. Tout le monde était optimiste, car ils pensaient que nous avions élaboré le plan parfait. Personne ne s'est rendu compte que notre prix de quarante centimes la minute pour les appels internationaux était plus élevé que celui de tous les autres soumissionnaires, et que cela condamnerait notre offre. Les Sud-Coréens avaient raison, mais les Américains avaient été plus bruyants.

J'ai essayé de calculer combien cet échec épique me coûterait et j'ai estimé que je perdrais personnellement environ 200 000 dollars. Mais ce n'était pas le pire. Je craignais que mon père ne soit pas en mesure de faire face à la déception. Le lendemain matin, je suis allé le voir et je lui ai dit que j'avais l'impression que nous allions perdre. Il m'a caressé la tête, comme on caresse la tête d'un petit garçon qui a échoué à un examen. « Ne pleure pas sur le lait renversé, m'a-t-il dit. Tu verras, des projets encore plus importants se présenteront à toi ».

Malgré ses encouragements et le fait que je savais à l'avance que nous allions perdre, j'ai été dévasté lorsque les résultats de l'appel d'offres ont été publiés un an plus tard, en 1995. Notre groupe avait reçu les meilleures notes pour l'organisation, les services et la technologie, mais les moins bonnes pour le prix. C'est ainsi que fonctionnent les affaires. Vous investissez toute votre énergie, votre argent et votre temps dans des projets auxquels vous croyez. Vous passez des jours et des nuits à peaufiner chaque détail, à traverser des continents et à vous épuiser pendant des mois pour recruter les meilleurs partenaires. Puis, alors que vous sentez pratiquement la couronne de lauriers se poser sur votre tête, le royaume que vous imaginiez s'écroule devant vous. Mon ego a été durement touché lorsque j'ai lu dans les journaux la défaite de mon groupe. Je me suis réconforté en pensant à Jack Welch, le célèbre PDG de General Electric, qui a dit un jour : « Après une crise, vous devez croire que votre organisation survivra et en sortira plus forte que jamais ». Chacune des crises que j'ai traversées au cours de ma carrière m'a appris quelque chose de précieux et m'a servi de tremplin sur la voie du succès. Même si j'ai détesté la défaite, elle a été un excellent professeur. Qu'ai-je appris de cet épisode ? L'importance de jouer sur le long terme et de reporter les premiers bénéfices au nom de revenus et de bénéfices plus importants à l'avenir. Je suis également reparti avec de nouvelles relations solides aux États-Unis, en Europe et dans la région Asie-Pacifique. C'était aussi une victoire. Mais surtout, cette aventure m'a confirmé que j'étais prêt à jouer dans la première ligue. J'avais mis sur pied un groupe d'investissement international puissant et j'avais beaucoup appris au cours de ce processus. J'allais panser mes plaies et aller de l'avant.

Pour ne rien arranger, la santé de mon père se dégradait. Quelques jours avant sa mort, il m'a attiré vers son lit d'hôpital et m'a dit :

— Avi, j'ai toujours essayé de faire en sorte que notre famille soit unie, que chacun soit prêt à tout faire pour l'autre. C'est pourquoi je veux te faire une dernière demande.

J'ai écouté, même si c'était douloureux de l'entendre parler ainsi.

— Je pense que tu es sur la bonne voie, a-t-il dit, «et que tu vas faire beaucoup plus dans les affaires. Je veux assurer l'avenir de ton frère. S'il te plaît, prends Aaron comme partenaire.

Mon frère, qui était dentiste, n'avait jamais manifesté le moindre intérêt pour mes affaires. Cependant, je me souviens qu'il avait soutenu la décision d'utiliser nos biens familiaux comme garantie lorsque j'avais répondu à l'appel d'offres.

— Volontiers, ai-je dit à mon père, et je le pensais vraiment, car Aaron est devenu mon associé la même semaine.

Notre père a vécu juste assez longtemps pour nous donner sa bénédiction. Quelques jours plus tard, il est mort à l'âge de quatre-vingt-un ans.

27

En avance sur son temps

Une fois nos invités sud-coréens rentrés chez eux, l'entrepreneur qui avait construit le centre informatique de l'hôtel Arches à Netanya l'a démonté avec soin. Son équipe a emballé les ordinateurs et les a chargés dans des camions. L'équipe de l'hôtel a nettoyé la salle de conférence des papiers, stylos et mégots de cigarettes. J'ai erré dans l'espace vide, déprimé. Même si j'avais encore beaucoup à faire en tant que représentant israélien de MCI, ma joie de vivre était au plus bas. J'avais besoin d'un nouvel élan, mais je n'avais aucune idée créative. J'ai rencontré des amis et des clients dans l'espoir de trouver une nouvelle orientation. J'ai invité l'entrepreneur en informatique à prendre un café pour le remercier de son travail. Il m'a demandé si j'avais besoin de personnes talentueuses. Je lui ai répondu que ce n'était pas le moment.

Comme s'il n'avait pas entendu ma réponse, il a ajouté :

— Eh bien, mon assistante a un frère, un programmeur expert. Je pense que vous devriez le rencontrer.

— Je suis désolé, c'est une perte de temps pour l'instant, ai-je répondu.

— Prenez au moins ses coordonnées, M. Shaked.

Il a écrit un nom et un numéro de téléphone sur un bout de papier, m'a serré la main et est parti. J'ai regardé la note. Shay (prononcé « chaï ») Ben Yitzhak était le nom inscrit sur le papier. Je l'ai mis dans ma poche et je l'ai oublié. Mais parfois, les tournants de la vie semblent sortir de nulle part. Je n'ai aucune idée de la raison pour laquelle j'ai décidé d'appeler Shay Ben-Yitzhak, mais rétrospectivement, il semble que ce soit le destin. C'était l'été 1994 et j'ai invité Shay à me rencontrer à mon bureau. Il avait apporté un ordinateur portable. Rien que cela lui a valu des points. Aucune de mes connaissances ne possédait encore d'ordinateur portable, et moi non plus. J'ai donc été immédiatement impressionné par ce jeune homme de vingt-huit ans. Il était de taille moyenne, avait la boule à zéro et ressemblait à un entraîneur personnel. Après une brève conversation, j'ai su qu'il était le type de personne que n'importe quel directeur s'empresserait d'embaucher. Il semblait extrêmement digne de confiance, parlait aussi ouvertement de ses échecs que de ses réussites, était très curieux et mature et, surtout, semblait être une personne capable d'exécuter efficacement toute tâche qui lui était confiée. L'une des compétences les plus solides que j'ai acquises sur la voie de la réussite est la capacité à m'entourer de personnes talentueuses, loyales et productives, et Shay répondait certainement à ces critères. Il m'a dit qu'il venait de terminer ses études d'ingénierie informatique au Technion et qu'il travaillait actuellement dans une société de programmation informatique.

— Que faites-vous là-bas ? lui ai-je demandé.

— Je m'occupe d'un projet de pharmacie.

Il a souri, comme pour s'excuser. Le projet concernait la pharmacie Shor Tabachnik à Tel-Aviv. Je connaissais très bien cette entreprise établie de longue date à l'angle de Dizengoff et de King George. Deux pharmaciens, Shor et Tabachnik, avaient fondé ce grossiste B2B plus de soixante ans auparavant. Ils étaient experts dans la recherche de médicaments et de produits cosmétiques qui n'étaient pas encore disponibles en Israël et s'étaient fait un nom. Shay a expliqué que le propriétaire actuel, héritier des fondateurs, souhaitait permettre aux acheteurs de se connecter à la base de données de la pharmacie, de parcourir et d'acheter des produits, puis de faire livrer ces achats dans leur entrepôt. Shay était le programmeur chargé de ce projet ambitieux. J'ai été impressionné par cette vision. Cette pharmacie de Tel-Aviv, peut-être sans même en avoir conscience, était en train de créer un marché en ligne qui allait changer la façon dont le monde faisait ses courses, et je voulais en faire partie.

J'ai étudié les alternatives existantes aux achats en personne. Aux États-Unis, les achats par catalogue étaient populaires. Les grands magasins fournissaient tous aux acheteurs des catalogues détaillés de leurs produits. Il s'agissait généralement d'épais tomes contenant des photographies ou des dessins précis de chaque produit et des descriptions détaillées des composants, des caractéristiques, des couleurs, des tailles et des prix. Chaque catalogue était accompagné d'un bon de commande à renvoyer à l'entreprise, accompagné d'un chèque ou d'un numéro de carte de crédit, et le produit arrivait à la porte du client dans un délai d'une semaine ou deux. Les achats par correspondance étaient compliqués et encombrants. Il n'est pas nécessaire d'avoir beaucoup d'imagination pour imaginer un avenir dans lequel toutes ces ventes pourraient avoir lieu sur Internet. La connexion entre le vendeur et l'acheteur serait sans aucun doute plus rapide, plus efficace et moins coûteuse. J'ai fait quelques recherches pour savoir si les achats en ligne existaient ailleurs dans le monde et j'ai découvert que ce n'était pas le cas. Je rêvais d'être le premier. C'était comme tomber sur un trésor caché.

J'avais également appris une ou deux choses à propos d'Internet et j'étais persuadé qu'il deviendrait un outil d'une importance considérable. Fin 1994, j'ai connecté sept institutions universitaires en Israël, l'université de Tel Aviv, l'université hébraïque de Jérusalem, l'université de Haïfa, l'université Ben-Gourion du Néguev, l'université Bar-Ilan, l'institut Weizmann et le Technion, au service Internet de MCI, ce qui leur a permis d'échanger des informations avec divers organismes dans le monde entier, de discuter de problèmes et de rendre compte de leurs recherches et de leurs réalisations académiques. J'ai réalisé qu'il y avait une réelle demande pour ce type de communication , une demande qui allait certainement croître rapidement. Comme nous le savons tous, il a fallu surmonter des obstacles considérables, mais le reste appartient à l'histoire.

J'ai pris un autre rendez-vous avec Shay et je lui ai fait part de mon idée d'étendre le concept d'achat interentreprises sur Internet de la pharmacie à la vente au détail en général. Je lui ai demandé s'il pouvait créer un tel programme pour moi. Il m'a répondu qu'il pouvait apprendre rapidement les protocoles les plus récents. Il parlait du protocole de contrôle de transmission/protocole internet (TCP/IP) qui permettait aux PC de se connecter à d'autres PC en mode commuté. Ce protocole a fini par constituer la base de l'internet. Je lui ai rapidement proposé un partenariat et lui ai dit que j'utiliserais mes économies d'un million de dollars pour investir dans le projet.

— Vous êtes sérieux ? a-t-il demandé, l'air choqué.

— Très sérieux, Shay.

Je lui ai expliqué qu'il créerait le logiciel, que je financerais le projet et que mon frère s'occuperait des autres aspects de l'entreprise. Shay a démissionné de son emploi de programmeur et, à ma demande, a obtenu une décharge signée pour s'assurer qu'il n'y aurait pas de conflit dans la diffusion du logiciel qu'il était sur le point de coder pour moi.

J'ai rapidement aménagé plusieurs pièces dans le sous-sol de l'hôtel Arches, qui avait été utilisé à un moment donné comme un parking. Grâce à une construction créative et à des plaques de plâtre, nous avons transformé l'espace en notre siège. J'y ai également installé mon propre bureau. Shay a commencé à embaucher des programmeurs pour l'aider. Ils ont travaillé jour et nuit, progressant bien plus vite que le calendrier que nous avions fixé. Nous avons commencé à chercher un nom de société à peu près au même moment où mon cousin Steven Hackmyer séjournait à l'hôtel avec son fils de dix ans, Cory. Nous étions en train de participer à une réunion de planification lorsque le garçon est entré avec un plateau de petit-déjeuner, a renversé du jus de fruit sur la table et a laissé des miettes de céréales en désordre.

— J'ai un nom pour notre entreprise, a déclaré mon frère Aaron. Appelons-la Cory.

Ce fut donc Cory. Nous étions tous pleins d'optimisme.

Pendant que Shay et son équipe codaient, j'ai élaboré un plan d'affaires et de marketing détaillé. Des CD ont été produits pour familiariser les clients potentiels avec notre programme révolutionnaire d'achat en ligne. Le CD présentait des milliers d'articles, des voitures aux robes de bal en passant par les chaussettes, tout ce qu'un client moyen était susceptible d'acheter. Nous avions prévu de cibler les magasins et les chaînes intéressés par la vente de leurs produits en ligne. Grâce à Internet, j'ai recruté des centaines d'agents, de l'Alaska au Chili et d'Israël à l'Australie. J'avais même un agent à Dubaï. J'ai fixé le prix de notre programme d'achat en ligne à 250 000 dollars par client. Pour chaque vente, l'agent gagnait 50 000 dollars. Nous étions sur la bonne voie.

Nos agents croyaient également aux chances de Cory. Ce que nous proposions allait sans aucun doute révolutionner la relation entre les détaillants et leurs clients. Les agents enthousiastes se sont précipités d'une chaîne à l'autre, ont présenté notre invention et ont insisté sur les énormes économies réalisées en n'ayant plus à imprimer et à distribuer des catalogues d'achat. Un mois plus tard, nous n'avions pas vendu un seul exemplaire de Cory.

J'ai pensé que le coût du programme était peut-être trop élevé et j'ai demandé à nos agents d'essayer de le vendre à prix réduit. Comme cela n'a pas fonctionné, j'ai décidé de le distribuer gratuitement. Je pensais que cela générerait du marketing de bouche-à-oreille et des témoignages. Pour chaque exemplaire gratuit, l'agent gagnerait 10 000 dollars. Pourtant, même lorsque nous l'avons distribué gratuitement, nous n'avons pas trouvé un seul magasin prêt à essayer notre programme révolutionnaire d'achat en ligne. Je ne comprenais pas. Nous avions un excellent produit dont personne ne voulait. L'un après l'autre, mes distributeurs m'ont fait savoir qu'ils abandonnaient. Ils m'ont dit qu'ils en avaient assez de perdre du temps et de l'argent dans des réunions qui ne menaient nulle part. En l'espace d'un mois, tous les agents étaient partis.

C'est alors qu'Aaron est revenu d'une conférence de dentistes à Monte-Carlo. Il aimait les jeux d'argent et a été séduit par la culture des casinos. Parallèlement au programme d'achat en ligne, il a suggéré que nous mettions en place un programme de jeux d'argent sur Internet. L'idée n'était pas nouvelle. Internet hébergeait déjà de tels sites. Mais Aaron a insisté pour que nous essayions. Nous avons donc demandé à Shay s'il pouvait créer un programme pour un type de jeu, et pendant son temps libre, il a écrit un programme de roulette qui a plu à Aaron. À l'époque, ce n'était qu'une expérience secondaire qui ne m'intéressait pas vraiment. Bien que j'aie toujours pris des risques en affaires, je n'avais jamais joué de ma vie. Je ne l'ai toujours pas fait. Je n'ai même jamais acheté de billet de loterie.

Même si nous étions frustrés par le manque de dynamisme des ventes de notre programme d'achat en ligne, nous nous étions inscrits pour participer à l'exposition annuelle de catalogues de produits à San Francisco, à laquelle assistaient des chaînes de magasins, des graphistes et des imprimeries. À la veille de notre voyage, ma femme m'a offert un exemplaire de l'autobiographie de Lee Iacocca. Pendant le vol, j'ai lu les succès phénoménaux du légendaire PDG de Ford et de Chrysler, sa capacité à prévoir les tendances et à cerner les souhaits de milliers d'acheteurs de voitures. J'ai été impressionné par ses compétences en matière de gestion, la sagesse dont il a fait preuve dans ses relations avec ses employés et le gouvernement, les plans qu'il a élaborés et les succès qu'il a récoltés. Le livre m'a inspiré.

Shay, Aaron et moi sommes arrivés à San Francisco et nous nous sommes installés au somptueux Ritz-Carlton, où logeaient la plupart des participants à l'exposition. Il était important pour nous d'être présents, de côtoyer les autres exposants et de montrer que nous étions financièrement solides. Une chambre coûtant 500 dollars par nuit, nous avons tous dormi dans le même lit pour faire des économies. Nous avons installé notre stand d'exposition pour présenter notre invention, en espérant vendre au moins six ou sept exemplaires de notre programme d'achat en ligne. J'ai invité des représentants de toutes les grandes chaînes de distribution à dîner dans le restaurant chic de l'hôtel et je me suis assis avec eux dans les fauteuils en cuir du bar, avalant des quantités industrielles de coûteux Johnnie Walker Black. Le directeur du marketing de Sears était présent et m'a dit :

— Les catalogues seront toujours avec nous, M. Shaked. Toute la famille adore les regarder. Nos ventes par catalogue n'ont jamais été aussi bonnes. Le concept est gagnant. Pourquoi voudrions-nous changer cela ?

J'étais effondré. Je m'attendais à ce que les Américains fassent preuve d'une plus grande ouverture d'esprit à l'égard des avancées technologiques novatrices.

— Ce que vous proposez, avait-il poursuivi, peut se produire à un moment donné dans l'avenir, lorsque vous et moi ne serons plus là. En attendant, nous connaissons le pourcentage exact des destinataires du catalogue qui achètent chez nous et pour quel montant. Nous avons des prévisions exactes qui nous permettent de gérer nos stocks de manière optimale. Ni nous ni nos clients n'allons échanger nos catalogues papier contre Internet. Internet ne fera que compliquer les choses.

Il a terminé la conversation en disant qu'il était en retard pour une autre réunion et a disparu. Il y avait peut-être une part de vérité dans ses propos, mais Sears allait déposer le bilan en 2018, incapable de s'adapter à un monde qui changeait beaucoup plus vite que ne l'imaginaient de nombreuses entreprises.

Notre stand n'a pas reçu beaucoup de visiteurs, alors que d'autres étaient bondés. Certains présentaient des catalogues colorés de plusieurs centaines de pages, d'autres des presses d'imprimerie massives capables de produire un millier de catalogues à l'heure. Il y avait même une société de livraison qui promettait d'apporter à chaque client le catalogue le lendemain de son impression. Tout le monde parlait de papier et de catalogues. Personne ne parlait d'achats sur Internet. C'était quelques années avant le lancement d'Amazon, nous étions donc un peu en avance sur notre temps.

Le stand étant vide et n'ayant rien de mieux à faire, Shay a sorti le programme de roulette qu'il avait créé pour Aaron et l'a chargé sur l'un de nos écrans de télévision. Notre pavillon s'est rapidement rempli de gens qui voulaient simplement jouer à la roulette ! Nous avons essayé d'en tirer le meilleur parti, mais nous sommes rentrés en Israël dépités. Sur le vol du retour, j'ai terminé le livre de Lee Iacocca et je suis tombé sur une phrase qui semblait avoir été écrite spécialement pour Cory et moi : « Sortir un produit trop tôt n'est jamais bon, tout comme sortir un produit trop tard est tout aussi mauvais ». En effet, notre idée de programme d'achat en ligne était probablement trop précoce. Les chaînes de magasins n'étaient tout simplement pas encore prêtes. Cinq ans plus tard, cependant, les catalogues papier ont commencé à disparaître. Une société appelée Amazon était en train de changer la façon dont les gens faisaient leurs achats. En l'an 2000, elle était le plus grand détaillant en ligne au monde.

28

Casier judiciaire
et réputation

Après notre succès surprise avec le logiciel de roulette à l'expo catalogue de San Francisco, Aaron voulait se concentrer sur les jeux d'argent sur Internet. Il a insisté sur le fait que si nous faisions cela, nous ne perdrions plus jamais d'argent. Bien que j'aie senti que cette industrie naissante pouvait en effet produire de très bons rendements, j'étais fortement opposée à l'idée au début. Même si nous ne gagnions pas d'argent, je voulais m'en tenir au magasin par catalogue. Les jeux d'argent sur Internet ne semblaient pas être le type d'activité qui donnerait une bonne image du nom de notre famille. Les Israéliens ont toujours vu les casinos d'un mauvais œil.

Nous nous sommes disputés, comme nous l'avons toujours fait, et j'ai dit :

— Aaron, arrête de faire pression pour les jeux d'argent sur Internet ou je brûle le bureau !

— D'accord, Avi, d'accord. C'est comme tu veux. Continue ton rêve de catalogue jusqu'à ce que tu n'aies plus d'argent.

Depuis notre enfance, nous avons toujours été francs l'un envers l'autre. Nous avions une façon unique et énergique de régler nos désaccords professionnels, et cela impliquait généralement quelques jurons. Mais l'argent était très rare et nous étions tous stressés, alors Aaron a persisté.

— Ce que je te dis, c'est que tu auras un bon revenu presque instantanément si nous optons pour les jeux d'argent sur Internet.

Je ne pouvais pas nier que cela me plaisait beaucoup. J'ai donc proposé un compromis.

—Travaillons sur les deux idées côte à côte, et la première qui gagne de l'argent l'emporte. Nous fermerons l'entreprise perdante.

Même si je n'étais pas un joueur, j'étais toujours prêt à parier gros sur mes idées. J'étais sûr qu'Aaron perdrait. Mais lorsque les premiers 100 dollars sont arrivés du casino en ligne, j'ai tenu ma promesse et nous avons fermé le magasin de vente par correspondance. Pour répondre à mes inquiétudes quant à la façon dont l'ouverture d'un casino en ligne pourrait nuire au nom de la famille Shaked, nous avons décidé de fixer un plafond bas pour le montant maximum que les joueurs pourraient dépenser sur notre site web. Cela permettrait d'éloigner les gros joueurs de notre site, ce qui signifierait que nous renoncerions à certaines opportunités de revenus. Mais cela signifiait aussi que nous n'aurions pas l'air d'une entreprise qui cherche à prendre la chemise de quelqu'un. Nous avons adopté une approche très éthique et transparente des jeux d'argent pour de nombreuses raisons, mais au début, c'était en partie pour protéger la réputation de la famille.

Les jeux d'argent en ligne sont le fruit de l'imagination d'Andrew et Mark Rivkin, deux frères canadiens âgés d'une vingtaine d'années, qui n'avaient pas initialement l'intention de créer un système de jeux d'argent. Ils ont engagé Anatoly Plotkin, un émigré russe qui avait mis au point un système de cryptage basé sur Internet pour l'armée russe, et ont fondé CryptoLogic dans le but d'empêcher l'utilisation illicite d'Internet. En 1994, les frères ont eu l'idée d'utiliser les compétences de Plotkin pour développer un logiciel de jeu, ce qui a perturbé le modèle original de jeu qui se déroulait exclusivement dans plusieurs casinos luxueux situés dans des endroits comme Las Vegas et Monte Carlo. Avec Cory, j'avais espéré transformer une activité en personne (le shopping) et la rendre accessible en ligne depuis le confort de son domicile. C'est exactement comme cela que les jeux d'argent en ligne ont transformé l'industrie du jeu. Il est devenu possible de jouer pendant son temps libre, plutôt que de devoir prendre des congés et dépenser de l'argent pour se rendre à Las Vegas ou ailleurs.

Les Rivkin ont attiré un investisseur privé, un bookmaker de l'Ohio nommé Billy Scott, qui disposait non seulement d'un capital important, mais aussi d'un casier judiciaire. Scott a investi un demi-million de dollars de son propre argent pour développer le logiciel et garantir aux joueurs que leur argent et leurs jackpots ne tomberaient pas entre de mauvaises mains. Après le lancement d'InterCasino en 1996 par CryptoLogic, les trois fondateurs ont gagné 10 millions de dollars la première année. Malheureusement, ils n'ont pas pu suivre toutes les avancées technologiques du secteur et sont finalement devenus fournisseurs de logiciels pour d'autres sites de jeux d'argent. Billy Scott a été jugé pour fraude fiscale, sans rapport avec ses investissements dans les jeux d'argent, et s'est réfugié dans les Caraïbes.

En fait, l'île d'Antigua, dans les Caraïbes, a joué un rôle considérable dans l'ouverture du secteur des jeux d'argent en ligne. Pourquoi ? Parce qu'en 1994, Antigua a adopté une loi qui a rendu les jeux d'argent sur internet légaux. C'était le premier endroit au monde à le faire, ce qui a attiré l'attention de nombreux hommes d'affaires désireux d'imiter le succès d'InterCasino, dont moi-même. Pour encourager ces investisseurs à affluer sur l'île, Antigua a exonéré d'impôts les revenus tirés des jeux d'argent et a construit une piste extra-longue à son aéroport pour permettre aux gros avions d'atterrir et de décoller à nouveau. Petite île entourée d'une mer bleue et calme et peuplée de moins de 65 000 habitants, Antigua possède plus de 130 plages magnifiques. Les gens y mènent la vie facile, mais la plupart d'entre eux se contentent de peu, vivant dans des cabanes en bois ou de simples maisons en pierre sur un plan de calcaire et de corail. À l'époque, il n'y avait pas de cafés ni de lieux de divertissement, les routes étaient peu nombreuses, le système d'égouts tombait souvent en panne et la nourriture sur l'île se limitait au riz, aux légumes et à un morceau de viande occasionnel. Tous les biens de consommation, du Coca-Cola à la marque Levi's, étaient acheminés par bateau et par le grand avion-cargo qui atterrissait tous les lundis. En raison des coûts d'expédition élevés, les prix sur l'île étaient extrêmement élevés. Une paire de chaussures coûtait environ deux fois plus cher à Antigua qu'aux États-Unis. Pourtant, la possibilité de construire un centre de jeu à Antigua m'intriguait. J'ai apprécié le fait que l'île, qui avait obtenu son indépendance du Royaume-Uni en 1981, faisait preuve d'une capacité surprenante à adopter une vision à long terme. Elle a été la première nation des Caraïbes orientales à reconnaître la Chine, ce qui lui a permis de bénéficier pendant de nombreuses années de l'aide généreuse de la Chine. Les politiques de pointe du pays en matière de jeux d'argent ont montré que le gouvernement était également innovant. Bien entendu, Antigua et les jeux d'argent en ligne ont attiré plus que leur juste part de types louches qui ont donné une mauvaise réputation aux jeux d'argent en ligne. Il était facile de se cacher derrière l'anonymat d'Internet et d'encaisser des millions sans avoir à dévoiler son identité. Des rumeurs circulaient selon lesquelles la mafia et l'industrie pornographique contrôlaient au moins une partie, voire la totalité, des sites de jeux d'argent sur l'internet. Certains incidents ont été très médiatisés, comme l'histoire de Steve Adkins, ou, pour utiliser son vrai nom, Sam Alvin Ashley Jr, un bookmaker de l'Ohio. Il a été arrêté à plusieurs reprises pour avoir fait passer de l'argent contrefait et des chèques sans provision et pour avoir pris illégalement des paris sportifs par téléphone. Il s'est réfugié à Antigua, où il a mis en place un réseau de jeux d'argent en ligne. Il a été arrêté en 2001 par les autorités de l'Ohio après dix-sept ans et a été jugé pour fraude fiscale et escroquerie à l'égard d'une organisation caritative qu'il avait dirigée. À la tête d'un autre réseau de jeux d'Antigua, Jack Stroll, alias Jack Strulovitch, un as du marketing originaire de Montréal, dirigeait une fraude à l'investissement qui promettait aux participants des prix fantastiques qui s'avéraient être, selon les autorités canadiennes, de la pacotille sans valeur. En 1999, il a plaidé coupable de télémarketing trompeur et a été condamné à payer une amende de 300 000 dollars.

C'est dans ce maelström que mon frère et moi avons décidé de nous lancer. Nous étions absolument convaincus que nous serions capables d'imiter les sites existants et de proposer suffisamment de fonctionnalités supplémentaires pour attirer les clients. Nous n'étions peut-être pas à l'origine d'une nouvelle industrie, mais les bons entrepreneurs ne se mesurent pas nécessairement à l'aune de l'originalité. Au contraire, ils imitent et améliorent généralement les modèles commerciaux existants. C'est en tout cas ce qui s'est passé pour moi. Mon frère et moi avons donc entrepris d'améliorer les jeux d'argent sur internet.

La première réunion consacrée à notre projet s'est tenue à l'hôtel Arches de Netanya. Nous y avons assisté, Aaron, Shay et ses deux assistants : le frère de Shay, Ron, un grand spécialiste du matériel informatique, et un autre programmeur. L'ordre du jour portait sur la formulation de nos politiques en matière de jeux d'argent. J'ai encouragé le débat, et les sentiments se sont rapidement échauffés. Chacun avait ses propres idées. J'ai écouté tout le monde, puis j'ai présenté mon propre credo commercial.

— Tout d'abord, nous devons garantir que chacun de nos actes est parfaitement légal, ai-je dit à notre petit groupe. Je ne veux pas qu'il y ait le moindre soupçon d'illégalité. Nous allons travailler avec les meilleurs avocats et vérifier chaque étape deux fois avant de la franchir.

Tout le monde, sauf l'assistant, a acquiescé.

Il a dit qu'il ne pouvait pas continuer à travailler avec nous par principe. Il était opposé aux jeux d'argent. J'ai essayé de le convaincre que notre site serait différent et je lui ai promis que nous trouverions un moyen de tenir le crime organisé à l'écart.

— Es-tu vraiment prêt à dire adieu à tes chances de devenir riche, juste comme ça ? lui ai-je demandé.

Il a hoché la tête, remis sa démission et quitté la réunion. S'il était resté, sa part aurait atteint au moins 20 millions de dollars.

Le reste d'entre nous a décidé à l'unanimité qu'Aaron serait le directeur financier de l'entreprise et que je m'occuperais du marketing. Shay, bien sûr, s'occuperait du développement technologique.

— Bon, ai-je continué. Nous avons décidé de nous attaquer aux jeux d'argent sur Internet. La question est la suivante : pourquoi les clients devraient-ils s'adresser à nous ? Quelle sera notre accroche unique ?

Nous avons spéculé sur cette réponse pendant des heures. Nous avons eu beaucoup d'idées, mais nous les avons toutes rejetées, jusqu'à ce que Shay se lève et dise :

— J'ai trouvé !

Il a rapidement décrit l'environnement actuel des jeux d'argent en ligne, qui consiste en un joueur humain, le client, jouant contre la machine de la société de jeux d'argent jusqu'à ce que l'un gagne et l'autre perde.

— Mais voilà ce qui se passe, s'est enthousiasmé Shay. Les gens veulent avoir l'impression de jouer dans un casino de Las Vegas. Ils ne veulent pas jouer seuls contre une machine, ils veulent jouer avec d'autres personnes et suivre leurs paris. Nous allons créer un programme qui permettra aux joueurs de voir d'autres personnes jouer au même jeu.

Shay avait toute notre attention.

— Cela permettra aux gens de suivre les paris des autres et même de discuter avec eux, s'ils le souhaitent. C'est ce qui nous distinguera de tous les autres sites de jeux d'argent en ligne.

C'était du pur génie ! Aaron et moi avons immédiatement donné le feu vert pour commencer à travailler sur le projet. Aaron était allé dans les casinos de Monte-Carlo, mais ni Shay ni moi n'avions jamais mis les pieds dans un casino. Nous ne connaissions ni les règles ni la culture. Nous voulions aller à Las Vegas pour apprendre, mais nous n'avions pas assez d'argent pour couvrir nos dépenses. Les jeux d'argent étant illégaux en Israël, nous nous sommes contentés d'un voyage à Taba, en Égypte, dans le désert du Sinaï, où se trouvaient plusieurs casinos. Nous avons pris l'avion, nous nous sommes assis aux tables, nous avons regardé les joueurs placer leurs paris et nous avons pris des notes sur tous les types de jeux. Le soir même, nous avons pris le dernier vol pour Tel Aviv. Le lendemain, Shay a trouvé sur Internet tout ce que nous avions besoin de savoir.

Quelques semaines plus tard, après que Shay a fini de créer le logiciel, il était temps de commencer les tests. En raison de contraintes budgétaires, il n'y aurait pas de tests professionnels. Nous avons donc fini par recruter mes trois enfants, alors âgés de onze à dix-sept ans. Ils n'avaient jamais vu de roulette ni de table de poker. Nous leur avons donc expliqué les jeux et leur avons demandé de jouer quelques heures par jour. Ils étaient censés signaler à Shay tous les bugs qu'ils trouveraient. Leur dévouement a été exemplaire. Ils ont joué tous les jours et toutes les nuits et ont présenté leurs listes de défauts. La vitesse de rotation de la roulette n'était pas constante. Le croupier distribuait six cartes au lieu de cinq lors d'une partie de poker. Le bandit manchot n'a pas payé une seule fois en une heure de jeu. Leurs listes détaillées n'en finissaient pas. Tous les bogues ont été signalés et Shay les a corrigés sur-le-champ. Une fois le site débogué, nous avons ajouté quelques fonctionnalités qui le distingueraient des autres sites de jeux d'argent en ligne. Nous avons décidé à l'unanimité que le pourcentage de gains obtenus grâce aux machines à sous, les jeux les plus populaires, serait supérieur à celui de nos concurrents.

Beaucoup n'ont pas vu d'un bon œil notre nouvelle entreprise. Des connaissances m'ont dit que le site nuirait à la réputation de la famille Shaked. Des amis m'ont averti que des joueurs essaieraient de nous tromper et que nous ferions faillite. Mais j'avais déjà été confronté au problème de la fraude avec Visa Israël. J'ai admis qu'il semblait beaucoup plus facile d'escroquer un site de jeu qu'une société de cartes de crédit. J'ai donc passé deux jours chez moi à réfléchir aux moyens de minimiser nos risques et j'ai décidé de faire remplir à chaque client un questionnaire avec son adresse, y compris le code postal et les numéros de téléphone, ainsi qu'une photo d'identité et un permis de conduire. Je me suis dit que les gens hésiteraient à faire de fausses déclarations en sachant que nous disposions de leurs informations personnelles. En outre, nous avons décidé de limiter le montant à 25 dollars par jour. Plus tard, nous avons augmenté le montant quotidien à 100 dollars. Même à un niveau plus élevé, ces sommes restaient relativement modestes, de sorte que si nous étions contraints de restituer de l'argent à nos clients, nous n'aurions pas fait faillite. Heureusement, lorsque nous avons commencé à construire notre site de jeux d'argent, il existait déjà une douzaine de sites actifs. Nous pouvions apprendre de leurs erreurs, mais pour les battre à leur propre jeu, nous devions faire plus et mieux.

Nous avons également organisé l'aspect commercial de notre entreprise. Nous avons divisé le partenariat à parts égales entre moi, Aaron, Shay et Ron, le frère de Shay. Chacun d'entre nous détenait une part de 25 %. C'est à cette époque, début 1996, que mon frère a rencontré Amos Eyal, un ancien officier militaire qui était en visite en Israël et travaillait comme agent de sécurité dans un grand casino d'Amsterdam. Son travail consistait à identifier les escrocs qui tentaient de tromper le casino, et il avait une méthode éprouvée pour les démasquer avant qu'ils ne causent des dégâts. Amos est venu travailler pour nous quelques semaines plus tard et il est devenu notre premier directeur général, bien qu'il soit surqualifié. Il nous a suggéré d'engager son avocat, un résident de Haïfa nommé Israel Rosenberg. Nous les avons envoyés tous les deux à Antigua pour obtenir une licence de site de jeux d'argent sur Internet. Rosenberg, vêtu d'un costume trois pièces en soie, ressemblait à un colonel de l'armée britannique à la retraite. Ils se sont installés dans un hôtel en bord de mer et, le lendemain, ont été reçus en grande pompe par des représentants du gouvernement local qui leur ont expliqué les trois conditions à remplir pour obtenir une licence. Premièrement, le serveur informatique central doit être exploité à partir d'Antigua. Deuxièmement, l'assistance à la clientèle devait être assurée à Antigua. Troisièmement, tous les revenus générés par l'exploitation du casino en ligne devaient être déposés dans des banques d'Antigua. Ces trois conditions étaient parfaitement acceptables pour nous et, en l'espace de vingt-quatre heures, Amos et Israel ont obtenu la précieuse licence. Elle nous a coûté 100 000 dollars. Nous avions enregistré notre société de jeu sous le nom temporaire de Cassava, une racine semblable à la pomme de terre qui est un aliment très populaire sur l'île d'Antigua, mais nous avons rapidement changé le nom du site web pour quelque chose de plus pratique, Casino On Net.

29

L'Institut Weizmann

Il était important pour moi de m'assurer que notre logiciel était solide et que les pourcentages de gains et de profits que nous avions prévus étaient plus que des vœux pieux. Shay a demandé à son ordinateur de placer des milliards de paris et de voir s'il était possible d'obtenir un taux de réussite de 97 %. Une semaine plus tard, il est revenu me voir, radieux. « Ça marche ! », s'est-il écrié. « Nous pouvons facilement garantir un taux de réussite de 97 % ».

Comme il existe des milliers de pirates informatiques, la prochaine étape logique consistait à trouver quelqu'un capable de tester la sécurité de notre système. Par exemple, je voulais savoir si un hacker pouvait trouver le prochain numéro gagnant à la roulette. J'ai demandé autour de moi qui pouvait m'aider à relever ce défi et tout le monde m'a recommandé la même personne : Le professeur Adi Shamir, lauréat du prix Israël 2008 pour les sciences informatiques, au prestigieux Institut Weizmann des sciences à Rehovot. Né en 1952, Shamir, chauve, barbu et à lunettes, est l'un des plus grands experts mondiaux en matière de sécurité des réseaux sans fil. Shay et moi lui avons apporté notre système pour un examen approfondi.

— Votre système est plutôt bon, mais il est encore vulnérable, nous a-t-il dit.

Nous étions stupéfaits. Nous avions investi beaucoup de temps et d'argent dans la construction d'un réseau sans fil à sécurité maximale.

— Mais vous n'avez aucune raison de vous inquiéter, a-t-il poursuivi rapidement, voyant nos visages effarés. Devinez ce qu'un pirate informatique devrait faire pour découvrir le prochain numéro gagnant à la roulette.

Nous avons demandé à l'unisson « Quoi ? », car nous ne savions pas quoi répondre.

— Il faudrait faire travailler tous les ordinateurs du monde pendant deux cents ans !

Soulagés, nous avons quitté l'Institut Weizmann et sommes allés au centre-ville de Rehovot pour fêter l'événement en nous gavant de houmous dans un restaurant du Moyen-Orient. Shay était aux anges.

— C'est parfait ! s'est-il exclamé. Nous avons tout ce dont nous avons besoin.

— Pas tout à fait, ai-je répondu. Il nous manque encore une chose.

Je voulais une certification officielle pour notre site de jeux d'argent. Cela coûterait beaucoup d'argent mais vaudrait chaque centime si cela signifiait que les clients pouvaient faire confiance à notre réseau. À l'époque, AT&T en Amérique disposait d'un département chargé de tester et de certifier les systèmes d'exploitation. Le sceau d'approbation de la société était très respecté, alors j'espérais que la société serait prête à tester et à certifier notre système d'exploitation. Lorsque je les ai contactés, on m'a dit qu'AT&T n'avait jamais été invité à tester les systèmes d'un site de jeux d'argent. J'ai expliqué qu'il n'y avait pas de grande différence entre leurs clients et les nôtres. Après tout, il s'agit de systèmes de communication fonctionnant sur une base presque identique. Les Américains ont eu besoin d'un peu de temps pour réfléchir, mais ils ont finalement déclaré qu'il n'y avait aucune raison pour qu'ils ne puissent pas tester nos systèmes. Excité et heureux, je me suis envolé pour Antigua afin d'attendre la délégation d'experts d'AT&T qui devait arriver par un vol direct de New York. Je ne doutais pas que nous obtiendrions leur approbation tant convoitée , et aucun de nos concurrents ne disposait de ce type de certification de premier plan.

Mais quelques heures avant l'atterrissage de leur vol, le chef de la délégation d'AT&T a appelé pour dire qu'ils étaient désolés mais qu'ils ne viendraient finalement pas. Après mûre réflexion, AT&T avait décidé de ne pas s'occuper des sites de jeux d'argent. Aaron, Shay et Ron se sont tous moqués de moi.

— Toi et tes idées, a dit mon frère. Tu aurais dû savoir que personne ne nous certifierait.

J'ai ignoré leurs critiques. Je n'allais pas abandonner si facilement. En fait, plus j'y réfléchissais, plus j'étais convaincu de l'importance de la certification. J'ai contacté Ernst & Young, l'un des cinq principaux cabinets comptables américains, et leur ai demandé s'ils étaient prêts à examiner et à auditer les données de notre entreprise pour certifier que notre site web tenait sa promesse d'un taux de réussite de 97 %. Ernst & Young a accepté avec plaisir et a commencé à envoyer des auditeurs à Antigua tous les mois pour tester le système. Nous avons été le premier casino en ligne au monde à auditer nos systèmes, à montrer à nos utilisateurs les changements apportés au code du logiciel et à vérifier les résultats que notre système était en mesure de produire pour les utilisateurs. Un sceau sur le site web indiquait que tout était contrôlé par Ernst & Young, et c'était un autre élément important qui nous distinguait.

30

« Robota ! »

Au début de l'année 1996, notre système était opérationnel à Antigua. Il se composait de trois ordinateurs qui avaient passé tous les tests et toutes les expériences avec brio. Il ne nous manquait plus que des clients. Je prévoyais une campagne publicitaire à grande échelle, et nous avons donc dressé une liste de centaines d'entreprises, ainsi que de sites Web consacrés au sport, aux jeux, au divertissement et à d'autres sujets. Cependant, notre budget publicitaire étant infinitésimal, nous n'avons retenu que les sites les plus prometteurs et nous avons soumis une annonce très visible sur la page d'accueil du site. Menachem Amihud, vice-président de Visa Israël, m'avait dit un jour qu'une campagne publicitaire moyenne attirait 2 % du public cible. J'ai estimé que nos annonces auraient des résultats similaires et qu'environ 2 % des personnes ayant vu l'annonce finiraient par essayer notre site de jeux d'argent.

Mais n'oubliez pas qu'à l'époque, il ne suffisait pas de se connecter à un site web. Il y avait plusieurs étapes, et il était facile de perdre un client sur le très long chemin qui menait de la vue d'une publicité au statut de joueur actif d'un casino en ligne. Aujourd'hui, Internet est dix mille fois plus rapide qu'à l'époque. C'est exact, dix mille fois plus rapide ! C'était un véritable défi. Voici donc comment les choses se sont passées au début : Notre société devait envoyer à chaque joueur un CD-ROM, un disque compact contenant tous les graphiques colorés des jeux de roulette et de blackjack, parce que ces graphiques prenaient trop de temps à charger à l'époque. Nous expédiions ces CD-ROM dans le monde entier, ce qui prenait du temps. Ensuite, nos futurs joueurs de casino devaient charger le disque dans leur ordinateur et cliquer sur des boutons d'action spécifiques pour se connecter à notre site et commencer à parier. Pour ceux d'entre vous qui sont des geeks comme moi, cela signifie que lorsqu'un joueur clique sur un bouton d'action sur les graphiques chargés sur le CD-ROM, cela déclenche un appel unique, ou ping, à notre client Internet, afin que le joueur puisse soumettre une offre dans le jeu. C'était beaucoup d'étapes, mais nous n'avions pas le choix.

Au début, l'intérêt s'est manifesté au compte-gouttes. Un joueur par jour, certainement moins de dix par semaine, demandait un CD-ROM. Nous avions créé un programme qui nous indiquait de quel site Web provenait chaque joueur et nous avions cessé de faire de la publicité sur les sites qui ne suscitaient aucun intérêt, tout en augmentant nos budgets publicitaires sur les sites qui généraient des visites. L'objectif final était d'inciter les gens à commencer à parier. Pour encourager ces étapes finales et cruciales, nous avons autorisé les nouveaux joueurs à utiliser de l'argent virtuel dans un premier temps, en donnant à chacun 1 000 dollars virtuels pour essayer notre site de jeu sans risque. Nous espérions également que nos plafonds de jeu peu élevés fonctionneraient. Notre théorie était que les gens pourraient faire l'expérience de l'excitation du jeu sans craindre de perdre trop d'argent. Nous pensions que cela inciterait les visiteurs à commencer à jouer plus tôt qu'ils ne l'auraient fait autrement.

Jour après jour, de tôt le matin à tard le soir, nous nous tenions tous dans le sous-sol de l'hôtel Arches, à regarder un écran gigantesque qui nous montrait exactement ce qui se passait sur le site web exploité à Antigua. Dima, un immigré russe qui était l'un de nos nouveaux programmeurs, avait installé un programme spécial appelé Robota, qui signifie *travail* en russe, pour nous alerter lorsqu'un joueur entrait sur le site. Pendant plusieurs jours, nous n'avons rien entendu. Puis, un soir, nous avons soudain entendu l'appel « Robota ! » et tout le monde s'est précipité vers l'écran géant, applaudissant avec excitation. Notre premier joueur était une femme de New York. Elle avait déposé 30 dollars, joué quatre fois à la roulette et gagné gros. À notre grande surprise, son gain s'élevait à 3 200 dollars. En regardant l'écran, notre excitation s'est transformée en inquiétude. Allions-nous perdre de l'argent après tous nos tests minutieux et nos projections exactes ? En fait, nous n'avions aucune raison de nous inquiéter. Les gens ont généralement placé de petites mises et gagné de petites sommes. À notre grand soulagement, personne n'a gagné une somme qui aurait pu nous mettre en faillite. Au cours des jours suivants, nous avons entendu « Robota ! » à maintes reprises, car de plus en plus de joueurs commençaient à parier. Nous étions sur la bonne voie.

Comme pour toute nouvelle entreprise, il y a eu immédiatement de nouveaux défis à relever. À Antigua, nous avions trouvé une maison bon marché de trois pièces près de la plage à louer pour notre centre informatique. Une pièce abritait les ordinateurs, la deuxième était consacrée au développement de logiciels et la troisième servait de chambre à coucher. La chambre à coucher comportait deux lits pour les quatre Israéliens qui y travaillaient. Deux d'entre eux dormaient pendant que les deux autres étaient en service. Lorsqu'Aaron prenait l'avion pour aller voir comment les choses se passaient, il devait dormir dans un fauteuil parce que nous n'avions pas encore d'argent pour les hôtels. Dans la chaleur torride des Caraïbes, la maison était comme une fournaise, jour et nuit. Il n'y avait pas d'air conditionné et les Israéliens qui y travaillaient portaient généralement des maillots de bain. Lorsque la chaleur devenait insupportable, ils couraient jusqu'à la plage et se jetaient dans les vagues pour se rafraîchir. Cette situation a été à l'origine de nombreuses disputes entre notre PDG et le personnel. « Vous n'êtes pas ici en vacances ! » leur criait Amos. Le climat a également joué un rôle à d'autres égards. À plusieurs reprises, de violentes tempêtes et des ouragans ont ravagé l'île. Le toit de notre maison a été arraché une fois. Heureusement, personne n'a été blessé, mais le personnel a dû débrancher tous les ordinateurs, les envelopper dans du nylon et les placer sur les étagères les plus hautes pour qu'ils ne soient pas submergés. Toutes les lignes téléphoniques ont été coupées et le site est devenu inaccessible. Nous avons craint que notre image ne soit ternie. Les joueurs risquaient d'être irrités par cette interruption, c'est pourquoi il était important de rétablir les lignes téléphoniques et les ordinateurs le plus rapidement possible. La compagnie de téléphone d'Antigua n'a pas réagi. N'ayant pas le choix, le personnel est sorti dans la tempête, pataugeant dans l'eau jusqu'aux genoux pour rebrancher les lignes téléphoniques endommagées. De retour à l'intérieur, ils ont démarré les ordinateurs, connecté les clients au système, appelé tous ceux qui étaient en ligne, se sont excusés personnellement pour l'interruption soudaine du service et ont promis aux joueurs de leur rendre leur argent en guise de bonne volonté.

Au début, notre site n'était qu'en anglais, ce qui fonctionnait bien en Amérique du Nord et dans certaines parties de l'Europe, mais pas au-delà. Oded Merhav nous a rejoints pour nous aider à adapter le site à de nouvelles langues et régions, comme les pays d'Asie-Pacifique. Il a expliqué que notre nom, Casino On Net, était difficile à comprendre et à prononcer pour de nombreux Asiatiques et nous a suggéré de choisir un autre nom, de préférence un nom comportant le chiffre huit, considéré comme porte-bonheur dans de nombreuses cultures asiatiques. Plus précisément, il a suggéré 888.com.

Les droits sur ce domaine étant déjà acquis, il a recherché le propriétaire, un jeune Japonais vivant à Taïwan. Il est venu nous rencontrer en Israël, mais il demandait une somme déraisonnable pour le domaine 888.com. Nous avons été stupéfaits et avons rejeté son offre. Après le départ du Japonais d'Israël, l'un de nos étudiants, Assaf Zmirly, a pris l'initiative de s'infiltrer et d'approcher à nouveau le Japonais. Assaf a dit au Japonais qu'il voulait acheter le domaine pour une startup qui n'avait pas un gros budget. Après quelques négociations, le Japonais lui a vendu le domaine (c'est-à-dire à nous) pour 30 000 dollars, ce qui, à l'époque, était encore ridiculement élevé pour un domaine, mais nous l'avons payé tout de suite. Nous avons tous tellement aimé le nom 888.com que nous avons décidé de l'utiliser dans le monde entier.

Les jeux d'argent sur Internet sont possibles grâce aux transactions par carte de crédit. Mais dans les années 90, les sociétés de cartes de crédit refusaient d'honorer les transactions de jeux d'argent. Les sites de jeux d'argent en ligne légitimes ont souvent résolu ce problème en créant leurs propres sociétés de cartes de crédit, et c'est exactement ce que nous avons dû faire dans les premiers jours de notre société. Nous l'avons appelée InterSafe Global. Bien que nous disposions d'un compte bancaire à Antigua, comme cela était exigé, cette banque ne pouvait pas autoriser toutes nos transactions. Je n'entrerai pas dans les détails complexes, mais pour trouver une banque, nous avons décidé de créer une adresse pour InterSafe Global que personne ne soupçonnerait d'être une société de jeu. L'hôtel Arches de Netanya est devenu l'hôtel InterSafe Global Arches, et c'est par là que nous avons fait transiter l'argent. Cela a bien fonctionné au début, jusqu'à ce que certains de nos joueurs nous disent que leurs épouses avaient vu leurs relevés de carte de crédit et voulaient savoir pourquoi et avec qui ils se rendaient dans un hôtel israélien. Heureusement, cette situation délicate n'a été que temporaire, car nous avons finalement trouvé une société américaine disposée à compenser notre volume élevé de transactions de jeu. Nous avons poussé un soupir de soulagement.

L'accès difficile à notre site constituait un autre défi. Nous envoyions encore à chaque client potentiel un CD-ROM pour l'installation. Des centaines de disques étaient fabriqués et le sous-sol de l'hôtel Arches est devenu une gigantesque salle de courrier pour expédier les disques dans le monde entier. Chaque soir, les femmes de chambre de l'hôtel et d'autres membres du personnel descendaient pour aider à emballer et à adresser les disques. Les enfants de la famille étaient également recrutés pour aider et, lorsque l'école était fermée pour l'été, les amis du voisinage se joignaient à eux. Nous étions bien payés et nous approvisionnions la pièce en boissons non alcoolisées et en snacks. Le conditionnement se poursuivait souvent jusque tard dans la nuit.

À ce stade, nous étions en pleine croissance, mais nous ne nagions pas dans l'argent. Aujourd'hui encore, je n'arrive pas à croire que nous ayons osé nous lancer dans un projet aussi ambitieux avec si peu de capital. N'ayant pas le choix, j'ai fait quelque chose qui aurait pu me coûter ma relation étroite avec MCI. J'ai expliqué aux Américains que j'avais besoin de conserver l'argent que je collectais en leur nom auprès des clients pour financer mon site de jeu. Ils ont accepté à condition que je leur rende l'argent avec les intérêts. Cela nous a donné un peu d'air, mais n'a pas résolu nos problèmes financiers. Même si nous étions très économes sur le plan des dépenses, nous avions besoin d'un accès à des capitaux beaucoup plus importants.

31

Liquidité et corruption

Un an après le lancement de la société, en 1997, nous avons dû nous rendre à l'évidence : si nous n'obtenions pas rapidement un nombre suffisant de clients payants, nous serions à court d'argent. Nous étions en pleine croissance, mais les dépenses importantes nécessaires à la préparation de l'infrastructure du site web, au paiement de la licence et à la gestion des salaires avaient vidé nos comptes. J'avais déjà été confronté à de graves problèmes de trésorerie et je craignais que cela ne se reproduise. Un grave problème de liquidités pourrait sonner le glas de l'entreprise. Si les journaux se faisaient l'écho de ce problème, cela suffirait à dissuader quiconque de jouer sur notre site. J'ai cherché frénétiquement un investisseur pour acheter une part de la société. Nous avions entendu parler d'un riche Chinois vivant en Indonésie, qui avait fait fortune dans des usines de cigarettes et de châssis de voitures, et qui était intéressé par l'achat d'une île où il pourrait construire des casinos.

Amos Eyal étant notre PDG, nous l'avons envoyé en Indonésie, où il a été invité chez cet homme sur l'île de Bali. Il décrira plus tard la magnifique demeure de l'homme, avec une piscine adossée au bord de mer. Deux domestiques ont accompagné Amos jusqu'au bureau de l'homme, qui regorgeait d'œuvres d'art de grande valeur. Amos lui a parlé de la société que nous avions créée et lui a proposé d'en vendre la moitié. Il a longuement évoqué la possibilité pour le magnat d'accroître notre part de marché dans la région Asie-Pacifique.

— Combien voulez-vous ? a-t-il demandé.

— Dix millions de dollars.

Le magnat a plissé le front. Il a ensuite invité Amos à dîner dans le meilleur restaurant de Bali, en compagnie d'autres invités, dont plusieurs ministres du gouvernement et le chef de la police de Singapour. Le dîner semblait s'être bien déroulé, mais le lendemain, Amos reçoit un appel de la secrétaire du magnat.

— Nous sommes vraiment désolés, dit le secrétaire, mais nous sommes arrivés à la conclusion que l'investissement n'en valait pas la peine.

Il n'y a pas eu d'autre explication. Le magnat chinois avait été notre dernier espoir. Nous étions anéantis.

Alors que nous étions terriblement à court d'argent, la bureaucratie d'Antigua freinait notre croissance. Des courtiers locaux nous ont suggéré de payer pour accélérer les choses. J'ai parlé à d'autres hommes d'affaires de l'île qui avaient eu des expériences similaires. Il semble que la corruption soit si courante sur l'île que personne ne prend la peine de passer l'argent sous la table. Certains employés de bureau, anciens et nouveaux, acceptaient des « subventions » de la part de personnes qui avaient besoin de leur aide. Nous avons essayé d'éviter de payer pour de telles « subventions », mais nous n'avions souvent pas le choix. Nous avons même engagé deux personnes qui avaient des contacts étroits avec des familles influentes de l'île. Au début, elles ont été indispensables pour nous aider à surmonter les difficultés bureaucratiques. Mais au fil du temps, les obstacles se sont multipliés comme un virus, notamment en matière de fiscalité. Chaque semaine, nous nous retrouvions face à de nouvelles réglementations douanières ou à des annulations soudaines d'exonérations dont nous avions bénéficié. En conséquence, le nombre de réseaux de jeux d'argent opérant à Antigua a commencé à diminuer. Nous avons appris que certains pays dont les lois interdisent les jeux d'argent sur Internet fermaient les yeux et autorisaient les organisations titulaires d'une licence à Antigua à opérer dans leur pays. De nombreuses sociétés qui avaient payé les 100 000 dollars de frais de licence ont fui, laissant derrière elles des opérations squelettiques sans jamais satisfaire aux autres exigences de l'île. Nous commencions à comprendre pourquoi. Les choses devenant financièrement insupportables, j'ai pris l'avion pour rencontrer un haut fonctionnaire du gouvernement. Il m'a accueilli avec un sourire chaleureux et m'a demandé ce que je pensais d'Antigua.

— J'aime bien les plages et les gens, ai-je commencé par lui dire, mais la corruption croissante à laquelle nous avons été confrontés ces derniers mois est devenue très problématique.

J'ai ensuite expliqué les choses plus en détail. Malgré mes critiques, l'homme n'a jamais cessé de sourire.

— Je pense que ce n'est pas aussi grave que vous le dites, M. Shaked.

— Vous avez dû remarquer que plusieurs sociétés de jeux en ligne ont quitté Antigua, précisément à cause des problèmes que j'ai évoqués. Je suis sûr que vous comprenez l'importance économique de leur départ. Chaque entreprise qui est partie employait autrefois de nombreux travailleurs locaux qui gagnaient des salaires décents et utilisaient ces salaires pour alimenter l'économie d'Antigua. Cela ne vous dérange pas de perdre tous ces revenus ?

Il ne semblait pas voir le problème.

— Les entreprises vont et viennent, a-t-il répondu d'un ton neutre. Nous ne sommes pas inquiets.

J'ai fait remarquer, aussi poliment que possible, qu'à ma connaissance, aucune nouvelle société de jeux d'argent ne s'était installée à Antigua depuis un certain temps. Il a haussé les épaules. J'ai ajouté que si la situation ne s'améliorait pas, notre société serait également contrainte d'envisager d'autres sites.

Ma menace implicite s'est abattue sur cet homme imperturbable comme une brise légère traversant la pièce.

— Puis-je vous suggérer de prendre quelques jours de congé, M. Shaked ? Nagez un peu, partez en randonnée et réfléchissez encore une fois à tout cela.

Ses paroles semblaient amicales, mais son attitude semblait dédaigneuse.

Je n'avais pas besoin de plus de temps pour réfléchir. Je me suis levé, j'ai serré la main du fonctionnaire et je suis rentré chez moi pour que l'équipe 888 puisse commencer à étudier ses options et s'attaquer à d'autres problèmes majeurs auxquels nous étions confrontés.

32

Hypothèques

Étant donné que nous brûlions de l'argent pour financer notre infrastructure et notre croissance et que nous ne pouvions pas trouver d'investisseur, nous devions faire preuve de créativité. Je devais déjà plusieurs millions de dollars à mes banques et je ne pouvais raisonnablement espérer un autre prêt. Nous avons essayé d'hypothéquer l'entreprise auprès d'autres banques en échange d'un prêt. Le directeur d'une banque nous a dit que si notre entreprise faisait faillite, il serait difficile de la vendre à un prix qui couvrirait le prêt. Mon père n'était plus en vie pour me prêter de l'argent non plus. Certains de ses biens, comme l'hôtel Arches, étaient déjà hypothéqués. Mon père me manquait terriblement. Il avait toujours été une épaule sur laquelle on pouvait s'appuyer et un conseiller avisé dans les moments difficiles. Je me demandais comment il m'aurait conseillé dans la situation actuelle de 888.com. Nous nous sommes heurtés à un mur.

Nous avons convoqué une réunion d'urgence et proposé que chaque membre du conseil d'administration apporte 150 000 dollars. J'ai proposé à Shay, qui était encore jeune, de prendre une plus grande part dans la société s'il pouvait lui aussi apporter de l'argent. Shay a approché des parents, des amis et des connaissances, mais il n'a pas obtenu le moindre centime. Des années plus tard, alors que la société connaissait un énorme succès, j'ai décidé de vendre ma voiture. L'acheteur était un entrepreneur en bâtiment, et il m'a dit que Shay lui avait demandé un prêt en échange d'actions de la société. « Aujourd'hui encore », avait-il dit, visiblement rongé par le regret, « je ne dors plus quand je pense que j'aurais pu devenir millionnaire si je lui avais simplement prêté de l'argent ».

À ce moment-là, nous n'avions que des miettes dans nos poches. Nous n'avions aucune idée de la manière dont nous allions payer les salaires de nos employés, entretenir notre équipement ou faire fonctionner notre site web mondial en ligne. Ma plus grande crainte était que mes chèques commencent à être refusés. J'étais terrifié à l'idée de revivre cette humiliation. Bien sûr, je ne pouvais pas cacher mon humeur à Dalia. Elle m'a demandé ce qui me tracassait, et je lui ai raconté tous les détails horribles.

— Ton problème, m'a-t-elle dit, c'est que tu aimes sauter des obstacles un peu trop hauts. Réduisez les choses d'un cran. Réduisez le nombre d'ouvriers, limitez le chantier et ralentissez la progression.

— Mais le petit obstacle ne m'intéresse pas, ai-je protesté.

— Alors, qu'est-ce que tu veux exactement ? Être le plus grand ?

— Oui, exactement !

Je lui ai dit que j'avais lu les mémoires de Donald Trump, dans lesquelles il racontait tous les obstacles qu'il avait rencontrés dans ses efforts pour construire le plus haut gratte-ciel à Phoenix, en Arizona. Les habitants de Phoenix n'étaient pas opposés à la construction d'un immeuble Trump dans la ville, mais ils voulaient qu'il soit beaucoup plus bas que ce qu'il avait proposé. Après une longue bataille contre de nombreux opposants, M. Trump a annoncé qu'il retirait son projet. Il a déclaré que s'il ne pouvait pas construire la structure la plus haute de la ville, cela ne l'intéressait pas. Il laisserait la construction des bâtiments plus bas à des personnes sans vision.

— J'ai compris, a soupiré Dalia.

Je lui ai caressé la main.

— Je sais que je n'ai pas été un mari idéal ces dernières années. J'ai consacré l'essentiel de mes efforts au travail et à la réussite. Je suis en train de réaliser le plus grand projet de ma vie. Ensuite, je serai de retour à la maison. Je promets de prendre ma retraite à cinquante ans.

Elle m'a souri avec un scepticisme évident.

Comme si nos problèmes d'argent ne rendaient pas les affaires assez difficiles, notre PDG, Amos Eyal, a démissionné. Cela a été difficile pour lui, car il était très loyal envers l'entreprise et envers nous. Mais il ne s'était jamais adapté à la culture de l'île. Amos était un commandant militaire de la tête aux pieds, un adepte de l'ordre et de la discipline. Ce n'était pas du tout l'ambiance qui régnait à Antigua. Israel Rosenberg, l'avocat qui avait rejoint notre équipe avec Amos, avait également pris sa retraite, laissant son fils à la tête de leur cabinet. C'est ainsi que Yarden, le fils de Rosenberg, un jeune avocat de Haïfa à la recherche de sa première grande chance, est devenu notre nouveau PDG.

Nous avons continué à chercher de l'argent pour graisser les rouages de 888.com. L'une après l'autre, les banques ont refusé nos demandes de prêt. Je me souviens d'une réunion avec Baruch Lederman, alors directeur régional de la Banque Leumi. Je lui ai fait part de mes prévisions de bénéfices futurs pour 888, qui se chiffraient en centaines de millions de dollars, et j'ai demandé un prêt de quelques centaines de milliers.

— C'est très bien, m'a-t-il dit, mais nous savons tous les deux que vous ne réalisez pas toujours vos prévisions commerciales.

Il m'a rappelé le fiasco du catalogue informatique de Cory.

— Vous avez perdu de l'argent avec ça, n'est-ce pas, Avi ?

J'ai dû acquiescer. Bien sûr, aucun prêt n'a été accordé par la Banque Leumi.

À l'époque, mon frère et moi vivions dans de petites maisons dans le quartier de Ramat Poleg, au sud de Netanya. N'ayant pas le choix, nous sommes allés à la banque et avons pris des hypothèques sur nos maisons pour 150 000 dollars chacun. Nous disposions désormais d'un fonds de roulement de 300 000 dollars au total et nous avons prié pour que cela suffise à nous rendre rentables avec 888.com. Nous nous sommes dit que nous n'aurions pas besoin d'un autre prêt. Nous devions y croire, car il n'y avait plus rien à hypothéquer.

33

Deux équipes de football

Nous avons investi une partie de l'argent provenant des hypothèques sur nos maisons dans le développement d'un logiciel capable de nous fournir des informations complètes sur nos clients. Grâce à cette technologie de pointe, nous savions exactement où ils vivaient, quel âge ils avaient, leur situation de famille, combien d'argent ils jouaient et quels jeux ils préféraient. Nous connaissions également leurs gains et leurs pertes, et savions s'ils s'étaient déjà plaints auprès de notre service clientèle et, le cas échéant, quelles avaient été les réponses de notre équipe. Ces informations nous ont permis de dresser un profil général de notre client moyen et ainsi de fournir un meilleur service et de faire une publicité plus efficace auprès de notre marché cible. Nous avons découvert que le client moyen était un homme de moins de quarante ans, ayant fait des études supérieures et gagnant plus de 60 000 dollars par an. Il utilisait Internet à de nombreuses autres fins, notamment pour faire des achats, gérer ses comptes bancaires et rester en contact avec sa famille et ses amis.

Outre la compréhension de nos clients cibles, il était primordial de gagner leur confiance. Ils misaient leur argent durement gagné sur notre site web et devaient savoir sans aucun doute que leur argent était en sécurité et que nous honorerions nos obligations financières envers eux. J'ai demandé à notre équipe de se surpasser pour aider nos clients et d'être proactive en cas de problème. De temps en temps, le système se mettait hors service en raison de pannes électriques ou d'autres problèmes techniques. Lorsque cela se produisait, nous informions rapidement nos clients que leurs paris pendant l'interruption seraient annulés et que leur argent leur serait remboursé. Nous avions également procédé à des remboursements dans de nombreux autres cas. Un jour, un client a déclaré que son fils avait volé sa carte de crédit et avait joué des milliers de dollars. Nous lui avons rendu son argent. Un mari a prétendu que la dépendance au jeu de sa femme avait réduit à néant les économies de la famille et qu'il l'avait admise dans un centre de traitement. Nous avons rendu une partie de l'argent à la famille. Chaque cas a fait l'objet d'une attention particulière. Depuis la création de 888. com, nous avons rendu des millions de dollars à nos clients. Ce n'est pas un cliché, mais cela a porté ses fruits !

En 1999, trois ans après avoir lancé 888.com, nous étions enfin rentables, avec des centaines de milliers d'utilisateurs dans cent quatre-vingts pays. Le prêt de 300 000 dollars provenant des hypothèques de nos maisons nous avait permis de surmonter notre crise de liquidités, et nous étions devenus la plus grande société de jeux d'argent sur Internet au monde. Dans un souci de croissance et de conquête de nouveaux marchés, nous avons commencé à sponsoriser des équipes sportives en Europe. Nous avons supposé que nous serions en mesure de déterminer combien de nouveaux clients s'étaient inscrits après chaque match, et nos agents publicitaires ont donc identifié deux équipes de football de niveau moyen qui avaient de bonnes chances de s'améliorer. L'une était le Middlesbrough FC, classé septième de la Premier League ; l'autre était le Sevilla FC, classé cinquième de la meilleure ligue espagnole de l'époque. Les dirigeants des deux équipes voulaient une fortune pour le parrainage. Après d'âpres négociations, les deux équipes ont finalement accepté ce que nous avions proposé à l'origine : 1,5 million d'euros et la condition que les maillots des joueurs portent l'inscription «888». Nous avons également insisté pour que les stades soient couverts de publicités pour notre site web. Un problème s'est posé lorsque l'un des meilleurs joueurs de l'équipe espagnole a refusé de porter son maillot parce qu'il était opposé aux jeux d'argent. Le manager de l'équipe a réussi à le convaincre de céder et le sponsoring a été sauvé. De notre point de vue, les investissements dans le parrainage des équipes ont dépassé toutes les attentes. Chaque match disputé par chacune de ces équipes s'est traduit par des milliers d'inscriptions de nouveaux clients. En 2001, notre budget de publicité sur Internet s'élevait à lui seul à 50 millions de dollars, ce qui faisait de nous le plus grand annonceur sur Internet au monde.

Avec des millions de clients dans le monde, la tentation était grande d'établir des bases dans chaque pays. Au début, j'ai envisagé un grand nombre de bureaux qui fonctionneraient de manière indépendante. Mais j'ai revu cette idée après avoir passé plusieurs mois à travailler sur un document que j'ai appelé la « Charte des 108 », qui contenait les 108 règles pour démarrer une nouvelle base d'opérations. Il y avait tant de choses à prendre en compte : fournir une assistance technique à nos clients dans la langue locale, les conversions de devises, les lois spécifiques au pays, les questions fiscales, la stabilité politique, la technologie et l'accès à l'internet, et ainsi de suite (même la concurrence avec les loteries nationales a parfois été évoquée). Finalement, nous avons réussi à établir des bases légales dans tous les pays que nous visions. Nous n'avons choisi que des pays reconnus par les Nations unies. En fin de compte, après des mois de réflexion approfondie, nous avons décidé qu'aucun employé de 888.com ne vivrait dans les pays où nous opérerions et qu'aucun de nos serveurs ne serait situé dans ces pays. Nous allions centraliser nos opérations. La grande question était de savoir où.

34

Se faire des ennemis

En tant que plus grand site de casino sur Internet, nous attirions beaucoup d'attention. Bien entendu, la popularité crée aussi des ennemis. Nous n'étions certainement pas les bienvenus à Las Vegas. Les millionnaires de la ville craignaient qu'avec le temps, le nombre de personnes venant dans la capitale américaine du jeu ne diminue, ce qui aurait un impact sur les revenus. Les promoteurs qui avaient construit de luxueux immeubles de location de vacances pour les joueurs venus du monde entier commençaient à craindre que les acheteurs de multipropriétés ne chutent. Pour eux, 888. com était une plaie. Au moins, nous étions encore protégés par la loi américaine, nos avocats nous l'avaient assuré lors de notre lancement en 1996. Seuls les paris sportifs en ligne étaient illégaux aux États-Unis, et nous ne proposions rien de tel sur notre site. Mais les choses étaient en train de changer à Washington, DC, et avec plus d'un million d'Américains plaçant des paris sur 888.com en 2002, contribuant à hauteur de 200 millions de dollars par an au résultat net de notre société, l'enjeu était de taille.

Un puissant lobby du Congrès américain s'efforçait d'interdire *tous* les jeux d'argent sur Internet. L'une des principales figures de l'anti-jeu était un ministre nommé Tom Grey, directeur exécutif de la National Coalition Against Legalized Gambling et conseiller principal d'une organisation appelée Stop Predatory Gambling. Il a prévenu que les gens risquaient de perdre d'énormes sommes d'argent en se connectant tous les soirs à leur domicile sur des sites de jeux d'argent. De puissantes organisations chrétiennes, craignant que les jeux d'argent ne corrompent les valeurs américaines, ont soutenu le nouveau lobby. Les journaux circulant dans les communautés chrétiennes ont commencé à publier des articles contre les jeux d'argent sur Internet. Un pasteur de St Louis a écrit que les valeurs familiales étaient en train d'être sapées. De nombreux sermons du dimanche ont été consacrés aux méfaits des jeux d'argent sur internet. Alors que l'opprobre grandissait, j'ai pensé aux défis que 888.com devait relever en Israël. La religion et les groupes religieux étaient et sont toujours des forces incroyablement puissantes dans les deux pays, et il n'est pas facile de s'y opposer. J'ai reconnu cette nouvelle menace aux États-Unis pour ce qu'elle était. Bientôt, nous avons commencé à ressentir la pression.

En 1999, alors que 888.com connaissait sa première année de rentabilité, la loi sur l'interdiction des jeux d'argent sur Internet (IGPA) a été présentée au Congrès américain, menaçant d'interdire les jeux d'argent en ligne et de mettre fin à nos activités en Amérique. C'était terrifiant. Pour passer à l'offensive, nous avons tout d'abord engagé le puissant lobbyiste Jack Abramoff, un juif orthodoxe de Washington plus grand que nature, qui avait dirigé le lobby des tribus amérindiennes pour autoriser les jeux d'argent sur les terres tribales afin de stimuler leurs économies locales. Abramoff était leur champion, nous avons donc pensé qu'il était l'homme qu'il fallait pour protéger nos intérêts également. Il a rapidement fait passer la défense de nos intérêts à la vitesse supérieure, a rencontré des dizaines de sénateurs et de représentants, et s'est battu sans relâche contre l'IGPA. Mais cela s'est avéré être l'une des batailles les plus longues, les plus difficiles et les plus coûteuses de 888.com.

35

Bonjour Gibraltar

Lorsque l'IGPA a été introduite, notre entreprise réalisait un chiffre d'affaires d'environ 5 millions de dollars par mois. C'était au plus fort de ce que l'on a appelé la « bulle Internet », avec de nouvelles entreprises qui émettaient des actions à Wall Street chaque jour. D'innombrables nouvelles entreprises apparaissaient en ligne, mais très peu d'entre elles généraient des bénéfices. Lorsque Shay et moi nous sommes rendus dans les bureaux new-yorkais de Merrill Lynch, situés dans les tours jumelles, pour explorer l'idée d'une introduction en bourse, nous étions heureux de *ne pas* partager ce problème. Shay est arrivé à la réunion vêtu d'un T-shirt, moi d'un costume. Nous avons apporté une présentation décrivant la structure de l'entreprise et montrant nos revenus et nos bénéfices à ce jour. Les gens de Merrill Lynch étaient étonnés. L'une des personnes présentes, Jerry Mandel, qui allait bientôt être nommé à la tête de l'équipe de Merrill à Tel Aviv, a demandé :

— Ce que vous montrez ici, c'est votre bénéfice *annuel* ?

— Non, c'est notre bénéfice *mensuel*.

Avec un empressement évident, ils ont essayé d'évaluer le prix de l'entreprise et sont arrivés à une somme de plusieurs milliards. Nous nous sommes quittés en nous sentant au sommet du monde. Nous étions convaincus que Merrill Lynch gérerait l'introduction en bourse et émettrait nos actions dans le public, exactement comme nous l'espérions. Nous sommes restés à New York pour attendre la décision de la société financière. Deux jours plus tard, ils nous ont appelés pour nous dire que, malheureusement, la direction avait rejeté le projet en raison d'un conflit d'intérêts. Il s'est avéré que Merrill Lynch représentait des propriétaires de casinos de Las Vegas et ne pouvait donc pas nous prendre comme client.

Nous sommes rentrés en Israël, déçus mais fiers de ce que nous avions accompli jusqu'à présent. Le voyage m'a cependant coûté cher d'une autre manière. Je suis rentré avec un méchant cas de grippe. Je suis tombé dans mon lit, délirant de fièvre. Le médecin m'a dit de me reposer pendant au moins une semaine. C'est alors que le téléphone a sonné. C'était Aaron, qui m'appelait de Londres pour me dire que je devais m'y rendre immédiatement parce qu'il avait organisé une réunion avec le PDG de Nomura, le groupe financier basé à Tokyo, qui se trouvait à Londres pour un bref séjour et qui était intéressé par l'émission de nos actions.

« Apporte la présentation que vous avez faite pour Merrill Lynch », a-t-il ajouté. Il n'a pas eu besoin de s'expliquer. Nomura était l'une des banques les plus importantes et les plus réputées au monde. Si son PDG voulait nous rencontrer, ce serait de la folie de laisser passer l'occasion. J'ai quitté mon lit en rampant et j'ai pris l'avion pour Londres, malade comme un chien et tellement dans les vapes que j'ai oublié d'emporter mon manteau. Avant la réunion avec le PDG de Nomura, j'ai acheté un lourd manteau d'hiver dans un magasin quelconque et, avec les dernières forces dont je disposais, je me suis traîné jusqu'à la réunion. Faible et grelottant, malgré la chaleur de la salle, j'ai présenté notre entreprise. Le PDG de Nomura a été impressionné comme il se doit. À la fin de la réunion, il a déclaré que si nos données étaient précises, sa banque serait ravie d'émettre nos actions à la Bourse de Londres. Il a ajouté qu'il enverrait un analyste en Israël pour vérifier les données que je lui avais montrées.

J'ai pris l'avion pour rentrer chez moi et je me suis recouché. L'analyste était là le lendemain. Nous avons examiné les données. Il a été stupéfait par nos bénéfices, a eu de longues conversations téléphoniques avec le Japon et nous a donné beaucoup d'espoir. Mais c'est précisément au moment où nous étions prêts, mentalement et émotionnellement, à entrer en bourse par l'intermédiaire des Japonais que Nomura a annoncé qu'à son avis, nous n'étions pas tout à fait prêts à entrer en bourse, en dépit de nos bénéfices considérables. Selon l'équipe de Nomura, pour préparer une introduction en bourse réussie, nous devrions transférer notre base d'opérations d'Antigua à un endroit plus proche de Londres et embaucher un PDG plus expérimenté. Nomura nous demandait de faire quelque chose que nous voulions déjà faire. Quitter Antigua était une priorité depuis un certain temps. Quant au remplacement de Yarden Rosenberg en tant que CEO par un financier plus compétent ayant une solide expérience de la gestion d'entreprises à Londres, cette demande semblait également raisonnable. Nous leur avons dit que nous nous mettions immédiatement à la recherche d'un nouveau site et d'un nouveau directeur général.

Dans un premier temps, nous avons envisagé de transférer notre base d'opérations à Genève. J'ai envoyé mon fils Eyal, qui venait de terminer ses études d'administration des affaires, pour y ouvrir un bureau. Il a loué des bureaux et a commencé à interviewer des employés potentiels. À Antigua, les préparatifs en vue du déménagement de tout l'équipement en Suisse battaient leur plein. Mais moins de deux semaines après l'arrivée d'Eyal à Genève, deux hommes, qui ont refusé de s'identifier, ont frappé à la porte du bureau. Ils ont déclaré représenter les autorités et ont demandé à Eyal de quitter la ville immédiatement. « En aucun cas nous n'autoriserons l'ouverture d'une entreprise de jeux d'argent ici », ont-ils déclaré avec insistance. Eyal a compris qu'il était inutile d'argumenter et a commencé à faire ses valises.

Nous étions de retour à la case départ.

Je suis allé consulter mon avocat, au bureau duquel j'ai rencontré par hasard un avocat juif de Gibraltar. Il m'a suggéré d'y transférer les opérations de notre société et m'a assuré qu'à Gibraltar, nous obtiendrions facilement une licence pour exploiter notre base de jeux d'argent. Il est intéressant de noter que ma charte des 108 est revenue à l'ordre du jour lorsque nous avons évalué les emplacements. J'ai utilisé mes 108 règles pour créer une nouvelle base d'opérations afin d'évaluer Gibraltar, qui répondait aux critères. En 2002, nous avons donc transféré le siège de 888.com à Gibraltar, à l'extrémité de la péninsule ibérique, juste à l'entrée de la mer Méditerranée. Toutes les équipes chargées des communications avec nos clients dans le monde entier opèrent à partir de cet endroit, qu'il s'agisse de locuteurs japonais travaillant avec nos clients au Japon ou de locuteurs hindis travaillant avec nos clients en Inde. En outre, l'enregistrement des clients et toutes les activités de paris se feraient via des serveurs informatiques à Gibraltar.

Nous avons laissé quelques dizaines d'employés anglophones à Antigua, mais tout le reste a été transférés sur le « Rocher », comme on l'a surnommé. Territoire britannique d'outre-mer jouissant d'une autonomie totale dans tous les domaines, à l'exception de la défense et de la politique étrangère, Gibraltar ne couvre pas plus de six kilomètres carrés et compte moins de quarante mille habitants. Maintenir des bureaux et un centre informatique à Gibraltar nous coûterait beaucoup plus cher qu'à Antigua, mais nous avons continué à nous accrocher au plus grand avantage du Rocher : c'est un territoire britannique, et toute entreprise qui y opère peut émettre des actions à la Bourse de Londres, ce qui nous convenait parfaitement.

36

Petits pains chauds

Après avoir pris la décision importante d'implanter notre nouveau siège, nous avons commencé à chercher le type de directeur général que notre banque émettrice avait en tête. John Anderson, un Écossais très intéressant, est apparu sur notre radar. John est né pour les affaires. À l'âge de douze ans, il a commencé à vendre des petits pains chauds tous les matins à l'aube aux ouvriers de l'usine située près de chez lui, dans un village reculé. Au lieu d'aller à l'université, il a chanté et joué de la guitare dans un groupe de rock. Mais son plus grand talent réside sans aucun doute dans les chiffres. Il était capable de faire des calculs compliqués rapidement et avec précision dans sa tête et s'est fait embaucher comme comptable bien payé dans une grande entreprise. Il est ensuite devenu vice-président du groupe Hilton International, a construit des hôtels dans le monde entier et a dirigé une filiale de Hilton spécialisée dans les jeux d'argent. Par la suite, il a dirigé la société immobilière qui a construit le Trocadéro de Londres et deux autres hôtels réputés. Il était connu dans les milieux d'affaires londoniens comme un gestionnaire hors pair. Lorsque nous nous sommes rencontrés, il avait 52 ans, des cheveux bruns en bataille et des lunettes rondes. Pour rendre les choses encore plus intéressantes, il était marié à une Israélienne et avait vécu dans le pays pendant de longues périodes. Il semblait être le candidat idéal pour diriger 888.com. Nous avons été ravis lorsqu'il a accepté de nous aider pour notre introduction à la Bourse de Londres.

Lorsqu'il est venu travailler pour nous, Anderson ne connaissait rien à Internet, même en tant que cadre expérimenté. Rappelez-vous, c'était en 2000, quand Internet était encore jeune. La première urgence a été de lui apprendre tout ce qu'il y avait à apprendre. C'était aussi une excellente occasion d'impliquer davantage mon fils Eyal dans l'entreprise. Il connaissait bien le système et était capable d'enseigner à Anderson tout ce qu'il devait savoir. J'ai demandé à Eyal d'être l'assistant personnel d'Anderson, et il s'est retrouvé à courir avec Anderson jour et nuit, lui montrant tous les composants du système 888.com.

Lorsque John Anderson s'est installé à Gibraltar, il m'a demandé d'envoyer Eyal pour le seconder. J'étais très fier qu'Anderson ait accordé une telle confiance à mon fils, mais Eyal était un peu dépassé par l'idée. Il a déclaré que je le mettais dans une situation difficile, le laissant se débrouiller seul dans un travail qui était trop exigeant pour lui. Il m'a dit qu'il était encore jeune et inexpérimenté et qu'il commettrait probablement de nombreuses erreurs. Je continuais à penser qu'il était l'homme de la situation pour aider Anderson. Eyal n'était pas moins ambitieux que moi, même à l'âge de vingt-quatre ans, et il était tout aussi dévoué et motivé. Je ne pouvais pas imaginer une meilleure personne pour être le vice-président de John. Mais la vie à Gibraltar n'était pas un paradis, ni pour les célibataires, ni pour les jeunes familles. À part le travail, il n'y avait pas grand-chose à faire. Les habitants étaient tous entassés dans un espace minuscule où ils souffraient des embouteillages quotidiens et du manque d'eau potable. Ce n'était pas très attrayant, mais les aspects légaux correspondaient à notre programme d'une manière que nous ne pouvions pas ignorer. En outre, les grandes villes d'Europe étaient éloignées et les divertissements limités. Lorsque Eyal est arrivé sur le Rocher, manquant de confiance, confus et inquiet de ce qui l'attendait, Anderson était là pour l'accueillir.

— Comment te sens-tu ? a demandé John.

— Je ne suis même pas sûr si j'aurais dû venir, a répondu Eyal avec honnêteté.

— Hé, tu as eu une promotion, a dit Anderson en souriant. Tu n'as plus le choix. Tu vas devoir travailler dur pour être à la hauteur des attentes de ton père.

Pour ajouter aux difficultés du déménagement, nous n'avons pu trouver à Gibraltar aucun immeuble de bureaux adapté à nos besoins. Aucun des bâtiments existants ne pouvait accueillir nos gros générateurs sans détruire le sol de l'entrée. Nous avons finalement trouvé un promoteur qui récupérait un terrain dans la baie pour y construire un nouveau bâtiment. Nous l'avons convaincu de nous permettre de placer nos générateurs sur les fondations de son futur bâtiment et d'ériger notre bâtiment au-dessus des générateurs. Heureusement, il a accepté. Comme à Antigua, le secteur des services de Gibraltar était lent à réagir. Si l'air conditionné tombait en panne, on apprenait que l'entreprise avait fait faillite et qu'il fallait faire venir des techniciens de Londres. Nous devions attendre des mois pour que les équipements électroniques soient livrés. La moquette que nous avions commandée pour le bureau est restée en place pendant des semaines avant que l'on ne trouve des professionnels sachant la poser. Nous avons commandé nos gobelets jetables en Israël parce que le marchand de Gibraltar ne savait pas quand ils arriveraient d'Angleterre.

Mais avec beaucoup de patience et un optimisme à toute épreuve, nous avons commencé à travailler à partir de notre nouvelle base de Gibraltar. Quelque 300 employés parlant de nombreuses langues, du suédois au russe en passant par le turc et le chinois, sont venus renforcer notre personnel. Nombre d'entre eux étaient de jeunes Israéliens qui, en plus d'un bon salaire et d'avantages sociaux, espéraient pouvoir prendre un vol direct vers et depuis Gibraltar, ce qui leur permettrait de rentrer chez eux à intervalles raisonnables. Mais il s'est avéré que l'aéroport de Gibraltar, construit sur l'eau, était inactif la majeure partie de l'année en raison des vents violents de la région. En l'absence de vols directs, se rendre à Gibraltar depuis Israël prenait autant de temps que de voler de Gibraltar à New York. Tout le monde devait s'accommoder de la situation sur le Rocher.

37

L'initiative de Genève

Quinze ans se sont écoulés depuis que j'ai quitté l'IAI et que j'ai participé au forum de Mashov du parti travailliste, lancé par mon bon ami Yossi Beilin, militant pour la paix. Comme je l'ai mentionné précédemment, le forum appelait à des négociations directes entre Israéliens et Palestiniens dans le but de créer un État palestinien. J'avais apprécié le forum de Mashov, mais lorsque j'ai quitté la politique sans avoir obtenu de siège à la Knesset, je me suis dit que la vie politique n'était pas faite pour moi ; elle était trop compliquée et trop frustrante. Mais il y avait un sujet politique qui restait gravé dans mon esprit : la paix. En tant que jeune soldat, pendant la guerre du Kippour en 1973, j'avais été le témoin direct du prix horrible de la guerre en cours entre les Juifs et les Arabes. Je voulais désespérément faire partie du mouvement qui mettrait fin à cette violence insensée. Puis, en 2000, le président des États-Unis, Bill Clinton, a organisé le sommet de Camp David et a réuni le président de l'Autorité palestinienne, Yasser Arafat, et le premier ministre israélien, Ehud Barak, pour des négociations de paix. Tout le monde était plein d'espoir, mais le sommet s'est achevé le 25 juillet 2000 sans qu'aucun accord n'ait été conclu. Pour moi, ce n'était qu'une nouvelle occasion manquée d'obtenir la paix. Le gouvernement du Premier ministre Barak a commencé à s'effondrer après l'échec de Camp David, et mon bon ami Yossi, qui était alors ministre de la justice de Barak, m'a appelé pour me dire qu'il savait que ses jours au sein du gouvernement étaient comptés.

— Je n'aurai bientôt plus de travail, Avi. Est-ce que tu pourrais me proposer quelque chose ?

— Oui, ai-je répondu en souriant. J'ai une idée.

J'ai demandé à mon ami s'il accepterait d'assister aux négociations de paix israélo-palestiniennes à Taba, en Égypte, qui étaient menacées par l'effondrement du gouvernement de Barak. Je voulais que les discussions restent ouvertes. Bien que mon travail chez 888.com soit incroyablement chargé, mon intérêt pour la politique s'est réveillé, mais uniquement dans le but de garantir la paix. Pour moi, aucune autre question n'était aussi importante. Dans l'intention de sortir de l'impasse des pourparlers de paix officiels entre gouvernements, j'ai demandé à Yossi de créer une organisation non gouvernementale (ONG) et de m'aider à lancer ce qui allait être connu sous le nom d'Initiative de Genève. Pendant près de trois ans, de 2000 à 2003, un groupe d'une cinquantaine d'intellectuels, d'universitaires et de politiciens israéliens et palestiniens ont travaillé ensemble en secret sous les auspices du Département fédéral suisse des affaires étrangères (DFAE). Les Suisses ont financé une partie de l'effort, et j'ai personnellement fait don de plus de 5 millions de dollars. Il s'agissait d'un effort privé sans précédent pour produire un document non gouvernemental complet qui aborderait toutes les questions majeures bloquant la paix entre Israël et la Palestine. Au début, les gens ont pensé qu'il s'agissait d'un coup de publicité, mais rapidement, certains des dirigeants les plus importants de la planète ont pris notre travail au sérieux.

Bien que le siège de 888.com ait été transféré à Gibraltar, nous avions un certain nombre de bureaux satellites, de sorte que les réunions des ONG se sont tenues dans les bureaux de la société dans ma ville natale de Netanya. Du côté palestinien, Yasser Abed Rabbo, également militant pour la paix, était le négociateur de Yasser Arafat, président de l'Organisation de libération de la Palestine (OLP) et président de l'Autorité nationale palestinienne. J'étais le seul homme d'affaires de l'équipe de négociation et je faisais toujours pression pour que l'on aille de l'avant. Tout le monde a travaillé très dur. Ils étaient tous très engagés. Mais trop souvent, les discussions s'enlisaient ou aboutissaient à une impasse. J'ai continuellement appelé les deux parties à faire des compromis difficiles au nom du progrès et de la paix. C'est ainsi que les négociations se déroulent dans le monde des affaires, et j'ai pensé que la même approche était nécessaire ici. Mais j'étais aussi parfaitement conscient que toutes les personnes impliquées risquaient leur vie pour y participer. La deuxième intifada, un soulèvement palestinien contre l'occupation israélienne et une période de violence accrue, a commencé en septembre 2000, lors de l'effondrement du gouvernement Barak, que beaucoup attribuent à l'échec des accords de Camp David. Dans ce contexte, les négociateurs de l'initiative de Genève se sont heurtés à une forte résistance. Les délégués palestiniens se voyaient interdire l'accès à Israël pour les réunions. Ils ont également fait l'objet d'intimidations dans leur pays. Il y a eu des tentatives d'attentats suicides, des menaces extrémistes et des attaques terroristes. Parfois, la violence s'intensifiait. L'un de ces jours horribles a été le 27 mars 2002. À la veille de la Pâque juive, un Palestinien de vingt-cinq ans, Abdel-Basset Odeh, a quitté la Cisjordanie en voiture et est entré dans le prestigieux Park Hotel de Netanya, situé au bord de l'océan, en portant une valise et en se déguisant en femme. Il était environ 19 h 30 et il s'est dirigé directement vers la salle à manger de l'hôtel, où environ 250 personnes prenaient part au séder de Pessa'h traditionnel. Il a posé sa valise et a fait exploser la bombe de dix kilogrammes qu'elle contenait. L'explosion a tué trente civils et en a blessé environ cent quarante autres, dont beaucoup grièvement. Cet attentat est connu sous le nom de « massacre de Pessah ». Lorsqu'Ariel Sharon est devenu premier ministre d'Israël le 6 février 2001, il a adopté une approche très dure à l'égard des Palestiniens, en construisant ce que l'on a appelé la barrière israélienne de Cisjordanie.

Le Hamas a immédiatement revendiqué le massacre de Pessah, et son porte-parole a déclaré au monde que l'attaque visait à envoyer un message selon lequel les Palestiniens se battraient pour leur liberté contre « un gouvernement terroriste en Israël dirigé par Sharon ». Il a dit aux Israéliens de s'attendre à d'autres attaques de la part d'autres groupes palestiniens. Les représentants de l'Autorité palestinienne ont fermement condamné l'attentat et le président de la Palestine, Yasser Arafat, a personnellement ordonné l'arrestation de militants associés au Hamas, au Jihad islamique et aux Brigades des martyrs d'Al-Aqsa en réponse à l'attentat. Lors d'une émission télévisée sur la chaîne palestinienne, M. Arafat a félicité le peuple palestinien pour sa résistance à Israël, tout en soulignant : « Nous sommes opposés au meurtre de civils des deux côtés ». Une telle violence, si près de l'endroit où nous nous réunissions pour négocier, n'était pas seulement inquiétante, elle entravait nos progrès. Bien sûr, c'était l'objectif de ces extrémistes, qui préféraient la guerre et le « tout ou rien » au dialogue, au compromis et au progrès. Nos délégations ont dû faire face à de nombreux revers de ce type, mais nous ne nous sommes pas laissés décourager. Nous avons fait deux pas en avant et un pas en arrière, mais nous avons continué à avancer. Le mépris des terroristes pour la vie humaine est l'une des principales raisons pour lesquelles nous avons besoin d'une paix durable. Nous voulions que les habitants d'Israël, de Gaza et de Cisjordanie puissent mener une vie normale sans craindre en permanence de se faire exploser.

Début 2003, Alexis Keller, professeur de sciences politiques et membre du Carr Centre for Human Rights Policy de la Kennedy School of Government de l'université de Harvard, a été invité à participer aux négociations, qui traînaient en longueur. Yossi a demandé à Keller d'aider la délégation israélienne, tandis qu'il travaillerait avec les Palestiniens. Keller est devenu un atout indispensable. Mais en septembre 2003, après plus de deux ans et demi de négociations épuisantes, les choses se sont précipitées. Yossi est entré dans mon bureau après une longue journée et m'a dit : « Avi, nous devons aller à Tokyo pour la prochaine réunion. Le gouvernement japonais financera le voyage ».

L'invitation à Tokyo émanait du ministre japonais de l'agriculture, Yoshiyuki Kamei, qui emmenait quatre Israéliens et quatre Palestiniens de notre délégation, ainsi qu'un certain nombre de représentants de diverses ONG japonaises qui fournissaient des médecins, des enseignants et d'autres ressources pour aider le peuple palestinien. Le gouvernement japonais s'était également engagé à envoyer 70 millions de dollars d'aide aux Palestiniens, ce qui en faisait un voyage important pour eux. Pour moi, tout cela n'était que de la poudre aux yeux pour des négociations qui semblaient ne jamais prendre fin. J'étais épuisé, non seulement par les négociations mais aussi par tout ce que je jonglais avec chez 888.com, et je ne voyais pas les résultats que je voulais obtenir de l'ONG.

— Yossi, ça suffit ! ai-je craqué. Je n'irai pas à Tokyo. Tu dois faire en sorte que l'accord soit signé maintenant ou je retire mon soutien financier. Cela prend trop de temps.

Yossi est l'un des meilleurs hommes que j'aie jamais rencontrés. Depuis que je le connais, il n'a jamais élevé la voix. On a dit de lui qu'il était l'un des opérateurs les plus habiles dans les coulisses de la politique israélienne. Je suis d'accord avec cette description. Mais je ne suis pas sûr qu'il survivrait à une journée dans le monde rude et chaotique de l'entreprise. J'avais besoin qu'il s'endurcisse et qu'il pousse plus fort, comme le ferait un chef d'entreprise.

Comme à son habitude, mon ami est resté calme.

— Avi, tu dis toujours que tu veux des résultats de notre part, mais tu ne viens jamais à ces importants événements de négociation de paix pour nous soutenir.

J'ai fait mes valises et je me suis rendu à Tokyo avec Yossi et le reste de la délégation, même si j'étais sur le point de mettre fin à tout cet effort. Dès le départ, les négociations sont devenues houleuses. Les derniers points de désaccord qui faisaient obstacle à la conclusion d'un accord définitif étaient, bien entendu, les plus difficiles à régler, et personne ne bougeait. La pression montait, et les Japonais attendaient de nous que nous réglions les derniers détails avant leur grande cérémonie de 16 heures, le deuxième jour du rassemblement. Le temps était compté et les choses ne semblaient pas prometteuses.

Après deux heures supplémentaires, Yossi a demandé une pause. À l'extérieur de la salle de conférence, je me suis approché de la délégation japonaise et j'ai dit :

— Écoutez, si les Palestiniens ne veulent pas signer, nous ne signerons pas non plus. Et si nous ne signons pas avant la cérémonie, je quitte le Japon.

Yossi a été horrifié par cet échange et m'a pris à part.

— Avi, tu es en train de dire que tu n'assisteras pas à la cérémonie de 16 heures, à laquelle participeront le ministre japonais des Affaires étrangères et les PDG de Sony et de Sharp ? Tu es vraiment prêt à tout gâcher en sortant en trombe et en ne te présentant pas ?

J'ai commencé à crier à Yossi de faire signer ce fichu accord et de ne pas avoir à partir.

— Tu sais, Avi, tu *me* cries toujours dessus, a dit Yossi d'un ton calme et sombre. Il faut que tu commences à crier sur les Palestiniens.

Il est allé parler à Yasser Abed Rabbo, du côté palestinien, et ensemble, ils se sont engagés à tout terminer juste après la cérémonie. Yossi m'a promis que les questions en suspens seraient résolues ce soir-là et que l'accord serait accepté par toutes les parties. J'ai fait confiance à Yossi comme à un frère, je suis donc resté pour la cérémonie et j'ai attendu de bonnes nouvelles.

À minuit, nous attendions toujours. J'étais assis avec Daniella, la femme de Yossi, et deux autres membres de la délégation dans le hall de l'hôtel. Nous étions tous fatigués mais avions décidé de rester debout dans l'espoir de recevoir de bonnes nouvelles. Quelqu'un a demandé à Daniella d'aller prendre des nouvelles de son mari et de savoir où en était la situation. Quelques minutes plus tard, elle est revenue et a déclaré : « Il est temps de sabler le champagne ! Ils sont parvenus à un accord ! ». Nous avons tous applaudi et sommes allés au bar pour fêter l'événement. Il nous restait encore deux réunions à tenir pour formaliser l'accord, mais nous savions que l'initiative de Genève allait enfin être signée.

Bien entendu, les deux délégations ont immédiatement commencé à se plaindre qu'elles étaient les seules à avoir fait des sacrifices importants au nom de la paix. Dans une certaine mesure, il fallait s'attendre à ce type de comportement. Par exemple, même s'il ne participait pas aux négociations, le Premier ministre Sharon avait clairement indiqué qu'il ne voulait pas renoncer à la Cisjordanie et à Gaza pour créer un État palestinien indépendant. Du côté palestinien, Yasser Abed Rabbo, avec l'autorisation d'Arafat, a fait un compromis sur le statut final des réfugiés palestiniens, en renonçant notamment au rapatriement et à l'indemnisation des biens expropriés. Il s'agit là de concessions importantes. Malgré les tiraillements, tout le monde était enfin prêt à signer ce qui était considéré comme la première initiative proposant une feuille de route claire pour résoudre le conflit au Moyen-Orient. À l'époque, Yossi m'a confié que nous n'aurions pas pu finaliser l'accord sans l'aide de Keller au cours de l'année écoulée.

Nous étions tous sous adrénaline lorsque nous nous sommes envolés pour la réunion suivante, à la mi-octobre, à l'hôtel Mövenpick, sur la rive jordanienne de la mer Morte, pour une rencontre de trois jours destinée à mettre les points sur les i et les barres sur les t, comme on dit. La Suisse a envoyé son chef du DFAE pour l'assister, et le président des Etats-Unis, George W. Bush, a envoyé un ambassadeur. Toutes ces années plus tard, je me souviens encore de l'optimisme contagieux de ces réunions. Un moment particulier est resté gravé dans ma mémoire. Alors que nous travaillions sur le dernier point de désaccord, Yasser Abed Rabbo a demandé à passer un appel important. Nous savions tous qu'il appelait Arafat pour obtenir sa bénédiction afin de signer l'accord. Nous avons attendu ensemble, tendus, le retour de Rabbo. Cela nous a semblé durer des heures. Finalement, il est revenu dans la salle de conférence où nous étions tous réunis et nous a dit qu'il était prêt à signer. Cela signifiait qu'Arafat avait dit oui à l'accord. La salle s'est mise à célébrer l'événement. Tout le monde, Palestiniens et Israéliens, s'est mis à crier, à s'étreindre et à sauter de haut en bas. Les gens pleuraient de jubilation. Cela a été un moment mémorable que je n'oublierai jamais. Alexis Keller l'a bien dit lorsqu'il a décrit l'état d'esprit de notre délégation plus tard à SWI swissinfo.ch : « Il y avait une atmosphère de respect mutuel et de reconnaissance entre les deux parties, conduisant à une véritable joie et à un sentiment d'avoir fait l'histoire ».

Nous savions qu'une cérémonie de signature officielle aurait lieu à Genève, en Suisse, pour dévoiler notre accomplissement au monde entier. Elle était prévue pour le 1er décembre 2003. Mais alors que nous fêtions l'événement en Jordanie, nous avons craint que quelque chose ne se produise entre-temps. Et si quelqu'un changeait d'avis avant la signature officielle ? Nous savions tous à quel point les accords de paix pouvaient être fragiles. Nous avions déjà vu des choses s'effondrer. Nous avons donc insisté pour signer les documents en Jordanie. Genève ne serait qu'une formalité. Nous avons signé trois exemplaires de l'accord et convenu qu'ils seraient renvoyés en Suisse avec le chef du DFAE, qui les placerait dans un coffre-fort jusqu'à ce qu'ils soient officiellement dévoilés. Nous avons également convenu que personne ne parlerait de notre travail ou de l'accord avant l'événement du 1er décembre. Mais en moins d'une heure, alors que nous traversions le pont Allenby sur le Jourdain, de la Jordanie vers Israël, des journalistes et des photographes nous attendaient déjà. La nouvelle avait été divulguée et le monde commençait à réagir. Bien que le gouvernement israélien ait fait preuve de beaucoup de réticence, il est apparu clairement que l'initiative de Genève était populaire auprès des gens ordinaires. Un rapport de l'*Associated Press* publié le 24 novembre 2003, repris par le journal *Haaretz* en Israël, indiquait que « plus de la moitié des Israéliens et des Palestiniens soutiennent une proposition de paix non officielle qui comprend des compromis sans précédent pour les deux parties ».

Le 1er décembre 2003, tous les signataires palestiniens et israéliens étaient à Genève pour assister à la cérémonie officielle de l'initiative de Genève. Plusieurs lauréats du prix Nobel de la paix étaient présents, dont l'ancien président américain Jimmy Carter, qui s'éteindra fin 2024, sans avoir vu son rêve de paix au Moyen-Orient se réaliser. L'accord a été approuvé par le Parlement européen et salué par de nombreuses personnalités, dont le premier ministre britannique Tony Blair, le président français Jacques Chirac, l'ancien président américain Bill Clinton, l'ancien président sud-africain Nelson Mandela et l'ancien président soviétique Mikhaïl Gorbatchev. À l'époque, il a été qualifié de document le plus ambitieux approuvé par des personnalités palestiniennes et israéliennes de premier plan. Nous marchions tous sur un fil. Au total, trente-deux d'entre nous allaient être les premiers signataires de l'accord : seize Palestiniens et seize Israéliens. J'étais l'un d'entre eux. Au fur et à mesure que chaque personne signait, je prenais une photo pour la postérité. Du côté israélien, j'ai signé avec Shaul Arieli, Arie Arnon, Yossi Beilin, Shlomo Brom, Avraham Burg, Giora Inbar, David

Kimche, Menachem Klein, Daniel Levy, Amram Mizna, Haim Oron, Amos Oz, Ron Pundak, Nechama Ronen et Dror Sternschuss. Du côté palestinien, les signataires étaient Hisham Abdel-Razeg, Yasser Abed Rabbo, Liana Abed Rabbo, Qais Assad, Samih El Abed, Qadura Faris, Mohamad Al-Horani, Kamel Al- Husaini, Abdel-Khader Al Husaini, Ibrahim Khreishi, Bassil Jabir, Radi Jarai, Marwan Jiliani, Nazmi Al Ju'beh, Bashar Juma, et Nabil Kassis.

Lorsque je suis rentré en Israël, j'ai fait réaliser une affiche avec les photos de chacun. J'ai envoyé une copie de l'affiche à chaque signataire pour qu'il puisse l'encadrer, l'accrocher au mur de sa maison et se souvenir de tout le travail que nous avions accompli ensemble. J'ai également fait envoyer une copie physique de l'intégralité de l'initiative de Genève à chaque habitant d'Israël, qui comptait à l'époque 6,69 millions de personnes. La popularité de l'accord s'est accrue au fur et à mesure que de plus en plus de gens prenaient connaissance des solutions qu'il contenait, notamment la solution des deux États, avec une Palestine indépendante existant à côté d'Israël. Cela n'a pas réjoui les pouvoirs en place en Israël.

Nous étions tous convaincus d'avoir accompli quelque chose d'important. Comme l'a dit à l'époque Amos Oz, écrivain de renommée internationale et l'un des signataires israéliens de l'accord, « nous avons fait le gros boulot pour la paix ». Au lieu de points de discussion, avait-il écrit, il y a maintenant des solutions. En effet, l'accord abordait et définissait spécifiquement une solution pour chaque obstacle à la paix. Pendant près de trois ans, nous avons négocié chaque point de désaccord entre Israël et la Palestine. Nous avons discuté, plaidé et négocié sur les questions les plus difficiles et, miraculeusement, nous sommes parvenus à un compromis sur chaque point, et nous avons apposé nos signatures sur un document final, l'initiative de Genève. Cela n'avait jamais été fait auparavant, et nous avons tous espéré et prié pour que cet accord, ce document de solutions que nous avions tous signé à Genève, devienne un outil permettant à nos gouvernements de s'asseoir enfin et de signer un accord de paix officiel avec une solution à deux États. Nous pouvions tous voir la lumière au bout d'un long tunnel sombre de violence et de désespoir, et notre sentiment d'espoir était palpable.

Mais notre joie n'a pas duré longtemps.

Le premier ministre israélien, Ariel Sharon, a immédiatement dénoncé l'accord et condamné la décision du secrétaire d'État américain Colin Powell de rencontrer les membres de notre délégation à Washington pour discuter de l'initiative. À peu près au même moment, des cyniques écrivaient dans les médias qu'Arafat n'avait accepté de faire signer l'accord à ses délégués que par tactique, sachant que Sharon ne le prendrait pas au mot. À mon avis, ce n'était que de la poudre aux yeux. J'avais participé activement aux négociations et je savais que Yasser Abed Rabbo ne ferait aucune concession du côté palestinien sans l'accord d'Arafat, et Yasser avait noblement fait de nombreuses concessions au cours de nos trois années de négociations de paix. Je crois que Arafat et les Palestiniens étaient sincères dans leurs négociations. Sharon, en revanche, n'a *jamais* mené de négociations de paix directes avec les Palestiniens au cours de son mandat de cinq ans en tant que premier ministre.

Alors que le soutien à l'initiative de Genève ne cessait de croître après sa signature, le comportement de Sharon en tant que dirigeant d'Israël en disait long. Il m'a semblé qu'il avait peur de la popularité croissante de l'initiative de Genève et qu'il faisait tout son possible pour couper l'herbe sous le pied des pourparlers de paix. Affirmant que le processus de paix était dans l'impasse, il a appelé à un « plan de désengagement ». Connu comme le père du mouvement de colonisation israélien, Sharon a demandé le démantèlement de 21 colonies israéliennes dans la bande de Gaza et de 4 en Cisjordanie. Aux yeux du monde, il semblait faire une grande concession, même si la bande de Gaza et la Cisjordanie resteraient techniquement occupées par Israël. En réalité, je pense que Sharon s'est livré à un tour de passe-passe. Cela est devenu évident en octobre 2004, lorsqu'un certain nombre de journaux ont révélé les dessous du plan de désengagement. La presse a rapporté que Dov Weissglas, le principal conseiller d'Ariel Sharon, avait annoncé que les Américains avaient accepté que, malgré l'initiative de Genève, Israël puisse conserver la plupart des colonies juives en Cisjordanie. Tel était apparemment le véritable objectif du « plan de désengagement » du premier ministre israélien : empêcher la création d'un État palestinien en retirant les colons juifs de Gaza et en augmentant les colonies en Cisjordanie. Tandis que Weissglas se vantait de son exploit, Sharon tentait d'apaiser l'indignation de beaucoup en affirmant une fois de plus qu'il était attaché à la feuille de route dirigée par les États-Unis en vue d'un règlement politique durable. Mais pour moi, le commentaire de M. Weissglas a confirmé ce que les partisans de l'initiative de Genève craignaient le plus : Sharon a toujours eu l'intention de geler le processus de paix afin d'empêcher la création d'un État palestinien. Il n'a jamais eu l'intention d'œuvrer en faveur de la solution à deux États prévue par l'initiative de Genève avec les Palestiniens.

Lorsque Sharon a été victime d'un grave accident vasculaire cérébral au début de l'année 2006 et qu'Ehud Olmert a pris la relève en tant que premier ministre, j'ai saisi l'occasion de contacter Ahmed Yousef pour tenter de redonner vie à l'initiative de Genève. Vous vous souvenez peut-être de l'histoire de l'offre d'un milliard de dollars que j'ai faite à Ahmed Yousef au début de ce livre. Elle n'a pas abouti et, en fin de compte, l'initiative de Genève non plus. L'accord n'a pas permis de réaliser des progrès significatifs pour la paix entre les Israéliens et les Palestiniens parce que, en tant que document non gouvernemental, il n'était pas applicable. Il m'est apparu clairement que seul un premier ministre israélien en exercice pouvait faire avancer la paix.

38

La boule au ventre

Au milieu de l'initiative de Genève et de tous les changements à 888.com, avec le déménagement et notre nouveau PDG, nous avons continué à nous battre contre les lobbyistes qui tentaient de mettre fin aux jeux d'argent en ligne aux États-Unis. La pression et les attaques contre notre entreprise se sont poursuivies. PayPal, un système mondial de paiement en ligne très populaire, a été un excellent partenaire au fil des ans, traitant des millions de transactions pour 888.com et résistant aux pressions politiques incessantes visant à nous faire perdre notre statut de client. Mais après l'acquisition de PayPal par eBay en 2002 pour 1,5 milliard de dollars, Eliot Spitzer, alors procureur général de New York, a exigé qu'eBay rompe ses liens avec tous les sites de jeux d'argent sur internet. Spitzer, juif et fervent défenseur d'Israël, s'était fait un nom en tant qu'ennemi implacable du crime organisé et défenseur des valeurs familiales. Après une longue bataille, eBay a cédé à la pression et PayPal a cessé de collecter l'argent de ses clients. En l'absence de mécanisme de transaction, l'argent américain a cessé d'affluer, frappant nos résultats comme un missile à tête chercheuse. Nos plans de croissance et de développement ont été stoppés net, alors que nous essayions d'arrêter l'hémorragie des pertes croissantes sur notre marché le plus important. En tant que directeur financier, mon frère était sous le choc. Si rien ne changeait rapidement, nous a dit Aaron, nous serions en difficulté.

J'ai pris l'avion pour les États-Unis afin de demander à nos avocats si une bataille juridique contre eBay se justifiait. Leur réponse a été catégorique : « Non ! ». Les sociétés de cartes de crédit avaient le droit absolu de choisir leurs clients, nous ont-ils expliqué, et si elles ne voulaient pas traiter avec nous, nous n'avions aucun moyen de les y contraindre. Le soir même, j'ai repris l'avion pour Israël. Alors que les lumières de l'avion diminuaient et que les passagers autour de moi s'endormaient, je restais éveillé, essayant de ne pas désespérer. Avec la boule au ventre, j'ai pesé les options qui s'offraient à nous. Pour moi, 888.com était un enfant bien-aimé qui luttait pour sa vie. Je ferais tout ce qui est en mon pouvoir pour aider mon enfant. Cela me rappelait ce que mes parents avaient fait pour moi lorsque j'avais contracté la polio dans mon enfance. Ils avaient trouvé les meilleurs médecins et médicaments disponibles, et j'avais non seulement survécu, mais prospéré. Je me suis dit que ce serait aussi l'histoire de 888.com. J'en étais sûr, car nous allions continuer à nous battre.

39

Les jetons

De retour à Gibraltar, notre nouveau PDG, John Anderson, donnait des ordres, et mon fils Eyal faisait son travail de base, ce qui était exactement ce que je voulais qu'il fasse. Il y avait beaucoup à faire pour préparer notre prochaine introduction en bourse, et je voulais qu'Eyal apprenne en le faisant. Eyal gérait les entreprises de construction et supervisait le recrutement des employés. Il a également dû faire face à des problèmes imprévus liés à la location d'appartements pour les centaines de membres du personnel qui s'installaient à Gibraltar. Les locations étant rares, certains employés ont été contraints de vivre dans des villes moins prisées et parfois dangereuses, de l'autre côté de la frontière avec l'Espagne. En outre, Eyal s'est occupé des permis de travail et des visas et a travaillé 24 heures sur 24 pour résoudre les problèmes de personnel des personnes originaires du Japon, de Chine ou de Finlande qui s'étaient installées à Gibraltar pour travailler chez 888.com. Il a dû convaincre des employés de se relayer vingt-quatre heures sur vingt-quatre, sept jours sur sept, tout en persuadant les banquiers locaux d'effectuer des transactions financières importantes alors qu'ils craignaient qu'un incident ne leur coûte cher. La compagnie de téléphone de Gibraltar avait du mal à répondre à nos besoins en matière de services téléphoniques. Nos ordinateurs ne pouvaient fonctionner que sous un contrôle climatique strict. Eyal devait jongler avec un flot ininterrompu de priorités concurrentes.

Les déplacements fréquents à Londres, où une société de ressources humaines recrutait des employés pour nous, faisaient également partie du travail d'Eyal. Il devait participer aux entretiens avec les nouveaux employés potentiels et suivre le processus de sélection. En fin de compte, tous nos efforts ont porté leurs fruits et la société basée à Gibraltar a commencé à fonctionner dans les délais prévus. En 2003, nous avions mis en place un réseau de deux cents serveurs destinés à fonctionner 24 heures sur 24 et 7 jours sur 7. Nous avons été le premier site de jeux d'argent à nous installer à Gibraltar. Comme cela avait été le cas à Antigua, nous sommes rapidement devenus le plus gros employeur de Gibraltar, à l'exception de la Royal Navy, qui possède plusieurs bases sur la péninsule.

Au cours de la phase de travail initiale, nous avons craint que notre centre n'attire l'attention de pirates informatiques, voire de terroristes. Un agent de sécurité israélien a été engagé pour évaluer les risques, qu'il a qualifiés de concrets. Il a formulé des règles de sécurité et institué des mesures de sécurité dans notre immeuble de bureaux. Nous avons élargi de manière exponentielle le champ d'activité de notre entreprise à Gibraltar. L'une des demandes qui revenait sans cesse était d'augmenter la taille des paris que nous autorisions sur notre site. La pression augmentant, j'ai convoqué une réunion spéciale pour discuter de ces demandes. Nous avons décidé de maintenir notre politique de petites sommes sur le site , mais d'ouvrir un club VIP où les membres pourraient placer des mises beaucoup plus importantes. Nous avons ouvert ce club en 2001. Chaque membre du club VIP a bénéficié d'un service personnel exceptionnel après son inscription. Un représentant de la société se rendait au domicile du client, quelle que soit la distance, pour lui souhaiter en personne la bienvenue au club VIP. Les VIP ont également reçu des cadeaux pour les fêtes, y compris des croisières de luxe gratuites. Certains d'entre eux déposaient des sommes à six ou sept chiffres sur leur compte en ligne 888.com pour jouer. Je ne me souviens pas de tous ceux qui ont gagné un jackpot sur notre site, mais je me souviens d'un chômeur londonien qui a déposé trente livres et qui, après quelques semaines de jeu, a remporté un prix en espèces de neuf cents mille livres.

Après avoir embauché John Anderson comme nouveau PDG et nous être installés à Gibraltar, nous avons appelé nos amis japonais de Nomura pour leur dire que nous étions prêts pour notre introduction en bourse. Malheureusement, il semble qu'ils aient eu la frousse. D'après notre expérience, aucun homme d'affaires japonais ne donne un non définitif, mais après de nombreuses formules de politesse pour faire passer le message le plus délicatement possible, nous avons compris. Nomura avait refusé notre offre sans jamais dire non.

À la place, nous avons contacté le Crédit suisse, qui a rejeté notre proposition en invoquant divers charabias juridiques. Nous nous sommes alors tournés vers HSBC, l'une des plus grandes banques du monde, dont le siège se trouve en Angleterre. Les responsables de HSBC étaient ravis d'entendre parler de nous, et tout était enfin prêt pour que nous entrions en bourse. C'est alors qu'un événement inattendu s'est produit au sein de la communauté des jeux d'argent en ligne. PartyGaming, propriété de l'une des personnes les plus riches d'Amérique, l'entrepreneuse Ruth Parasol, avait réussi son introduction en bourse à Londres en juin 2005, et nous étions censés être les suivants.

Puis, tout à coup, le PDG de PartyPoker, qui appartient à PartyGaming de Parasol, a convoqué des analystes financiers de renom pour établir des projections sur le marché mondial des jeux d'argent. Leurs prévisions étaient sombres et indiquaient que la demande allait chuter. Le lendemain, les actions de PartyGaming ont chuté de plus de moitié et Ruth Parasol a perdu des millions. C'est dans ces circonstances désolantes que nous avons émis nos actions sur les marchés publics. Nous avions peur que l'introduction en bourse échoue, mais il était trop tard pour revenir en arrière. Nous avons lancé notre introduction en bourse le 29 septembre 2005 et nous avons été ravis de son succès. Nous vendions 25 % des actions de la société à une valeur de 1,075 milliard de dollars, et nous sommes devenus la première société israélienne à faire son entrée à la Bourse de Londres avec une valeur aussi élevée.

À ce stade, 888.com connaissait un tel succès que nous n'avions pas vraiment besoin d'argent. Mais nous voulions nous introduire en bourse pour pouvoir rendre des comptes, rester transparents en tant qu'entreprise et continuer à nous développer à un rythme rapide. Les quatre fondateurs de 888. com, moi et mon frère Aaron, ainsi que Shay Ben-Yitzhak et son frère Ron, avons tous très bien réussi. Le fait de ne pas avoir d'investisseurs extérieurs, ainsi que le financement hypothécaire qu'Aaron et moi avions fourni, ont fini par nous rapporter gros. À l'époque, mon frère et moi détenions chacun 37,5 % de la société, tandis que Shay et son frère, après avoir été dilués lorsque Aaron et moi avons hypothéqué nos maisons, en détenaient chacun 12,5 %. Collectivement, les quatre fondateurs ont empoché 300 millions de dollars. Nos vies ne seraient plus jamais les mêmes.

40

Le karma

Comme c'est le cas pour les entreprises qui réussissent, l'équipe dirigeante ne peut jamais se reposer sur ses lauriers ou se réjouir trop longtemps. C'était le cas de l'équipe de 888.com. Sept ans après l'introduction de l'IGPA au Congrès américain, nous nous battions toujours pour maintenir en vie l'énorme marché américain. Mais les partisans de l'IGPA ne reculeraient devant rien pour influencer le public. Le représentant Mike Oxley (Républicain, Ohio) est allé jusqu'à prétendre que les sites de jeux d'argent aidaient à blanchir l'argent des terroristes. J'ai serré les dents, mais je me suis empressé d'engager une équipe d'experts en cybercriminalité, pour la plupart d'anciens membres du FBI, afin de vérifier s'il était possible de blanchir de l'argent par l'intermédiaire de 888.com. Ces experts ont conclu que ce *n'était pas* le cas. Néanmoins, le lobby de l'IGPA a été plus malin que nous. À minuit, quelques heures seulement avant que le Congrès ne se retire pour les élections de mi-mandat du 26 octobre 2006, les lobbyistes anti-jeux en ligne ont réussi à faire passer en douce un addendum à un projet de loi par ailleurs inoffensif appelé Seaport Protection Bill (projet de loi sur la protection des ports maritimes). Cet addendum interdisait les jeux d'argent en ligne aux États-Unis. Informés de cette évolution moins d'une heure avant le vote, nous n'avons absolument rien pu faire pour l'empêcher.

Nous nous sommes battus pendant sept ans, mais du jour au lendemain, nous avons perdu le marché américain au profit du lobby de l'IGPA. Les analystes des médias ont prédit que 888.com serait au bord de l'effondrement. Notre plan de secours d'urgence prévoyait le licenciement des trois quarts de nos employés, soit près de sept cents personnes. Mais je ne pensais pas que c'était nécessaire. Bien que je n'aie pas anticipé cette catastrophe spécifique, je m'étais préparé à des scénarios similaires grâce à mon travail sur la Charte des 108. Je surveillais les chiffres, et notre expansion mondiale nous rapportait de beaux bénéfices. Nous n'étions plus complètement dépendants du marché américain. Nous étions devenus une véritable entreprise mondiale. Il ne nous restait plus qu'à développer notre publicité mondiale pour augmenter nos revenus en dehors des États-Unis. Avec le temps, cela compenserait la perte du marché américain. Bien entendu, toute publicité sur les sites web américains a été suspendue et redirigée immédiatement. Les résultats ont été encourageants. Notre clientèle s'est rapidement élargie. En fait, en Angleterre, nous avons doublé notre clientèle par rapport à la période précédant l'adoption de l'IGPA. Seize mois après avoir perdu le marché américain, nous avons recommencé à gagner autant qu'avant. En fin de compte, non seulement 888.com a survécu et prospéré, mais il y a aussi eu un peu de ce que certains pourraient appeler le karma. Notre ennemi juré Eliot Spitzer est devenu gouverneur de New York, mais il a été contraint de démissionner en 2008 après que l'on a découvert qu'au beau milieu de sa campagne anti-prostitution, il avait fréquenté des prostituées de luxe à Washington, DC.

41

La retraite à cinquante ans

Après le succès de notre introduction en bourse, je me suis senti extrêmement privilégié et reconnaissant. Nous étions toujours aussi occupés, mais nous avons tous profité de ce moment. Nous avons poussé un soupir de soulagement collectif, nous avons célébré l'événement et nous avons pris le temps de faire le point sur tout ce que nous avions accompli au fil des ans. Nous avons diverti des millions de personnes à travers le monde. Les personnes qui avaient besoin d'évacuer la tension de leur journée de travail pouvaient cliquer sur un bouton et voir s'ouvrir devant elles un casino festif, rempli de jeux simples et passionnants, avec la possibilité de doubler ou de tripler leur mise. D'autres voulaient simplement faire travailler leur matière grise : ils jouaient généralement au poker. Le succès de 888.com a fait des vagues dans le monde des jeux d'argent sur Internet. À l'époque, nous employions un millier de personnes, environ cinq cents en Israël, quatre cents à Gibraltar et un petit nombre dans notre centre d'assistance d'Antigua. Nous encouragions nos employés à poursuivre leurs études et étions fiers du fait que le nombre d'employés de 888.com inscrits au programme de Master de l'Université de Tel Aviv était relativement important par rapport aux étudiants venant d'autres organisations. Les employés israéliens travaillaient presque tous au développement de la prochaine nouveauté dans le domaine des jeux d'argent sur Internet. L'innovation était encore le mot d'ordre.

Diverses sociétés de jeux ont commencé à nous approcher pour nous demander de créer des coentreprises. Les représentants d'une très grande société européenne de jeux d'argent sur Internet, dont le chiffre d'affaires s'élève à des centaines de millions de dollars, nous ont demandé de fusionner. L'offre semblait prometteuse : deux entreprises qui gagnent de l'argent s'associent, deviennent plus efficaces et augmentent leurs bénéfices. Mais les fusions ne sont pas toujours aussi simples. Elles perturbent le moral et modifient la dynamique de l'entreprise dans son ensemble. La société européenne de jeux d'argent qui cherchait à fusionner avec 888.com voulait 50 % de nos actions. Nous avons examiné l'offre et découvert que l'autre société était disposée à nous laisser diriger la nouvelle entreprise, à définir la politique et à exécuter les principaux actes de gestion. J'ai demandé à leurs avocats d'expliquer cette générosité inhabituelle.

« Ils sont vieux et fatigués », m'a-t-on répondu. C'était la première sonnette d'alarme. Si les propriétaires d'une entreprise vendent parce qu'ils sont fatigués, cela signifie qu'au cours des dernières années, ils n'ont pas eu la force de gérer leur entreprise correctement. Qui peut garantir que, du fait de la fatigue des propriétaires, les échelons inférieurs ne se sont pas fatigués à leur tour ? Le fait que leurs actions se négocient à un prix inférieur aux nôtres m'a également mis mal à l'aise. Cela m'a fait penser qu'ils avaient besoin de nous parce que cela leur permettrait de se défaire de leurs actions plus facilement et probablement à un prix plus élevé à l'avenir. Notre PDG, John Anderson, a soutenu l'opération sans réserve. Je lui ai rappelé que le travail d'un PDG n'était pas de soutenir des opérations qui diluaient la valeur des actions de l'entreprise qui l'employait. Je lui ai dit que son travail consistait à gérer et à atteindre les objectifs. Point final. Finalement, ma position a prévalu et l'accord n'a pas été conclu. Aujourd'hui, les actions de cette entreprise européenne ne valent plus qu'une fraction de ce qu'elles valaient lorsque nous étions en pourparlers.

Depuis lors, nous avons reçu de nombreuses autres offres de fusion et de rachat, mais nous les avons toutes rejetées. Peut-être que le succès de 888.com et ses bénéfices m'ont rendu plus conservateur qu'auparavant. Je suis satisfait de ce que j'ai gagné et j'ai tendance à ne pas vouloir diluer mes avoirs. Pourtant, les offres commerciales qui nous parvenaient semblaient très attrayantes. Mes enfants me demandaient parfois de les accompagner à des réunions pour discuter de ces offres, et je le faisais, car je ne voulais pas qu'ils fassent une erreur qui leur coûterait cher. L'introduction en bourse m'a rapporté plus d'argent que je n'aurais jamais pu rêver d'en gagner au cours de ma vie. J'étais fier de ce que j'avais accompli, mais je me rendais compte que j'étais arrivé au bout de mon chemin dans les affaires. J'avais promis à Dalia de prendre ma retraite à l'âge de cinquante ans, et c'est exactement ce que j'ai fait.

Toutefois, je me suis retrouvé à la croisée des chemins. La retraite m'a laissé beaucoup de temps libre, une bénédiction pour ceux qui savent quoi en faire et une malédiction pour ceux qui ne savent pas. Je connais des hommes d'affaires qui prennent leur retraite et semblent vieillir de vingt ans du jour au lendemain ; d'autres s'épanouissent. J'ai longtemps rêvé de ma propre retraite et j'ai planifié de faire toutes les choses que je n'avais pas faites lorsque j'étais trop occupé par mon travail. J'ai dressé une longue liste des loisirs qui m'intéressaient. J'ai commencé par aller pêcher, mais j'ai glissé sur les rochers et j'ai failli me noyer. Depuis, je n'ai jamais lancé le moindre leurre dans la mer, mais la mer me plaît toujours autant. J'enviais mes amis qui avaient des yachts et qui naviguaient vers des îles proches ou lointaines à chaque vacances. J'ai donc décidé de m'inscrire à un cours de skipper. J'ai apprécié chaque minute et me suis entraîné intensivement, attendant avec impatience le jour où j'obtiendrais mon brevet de capitaine. Mais j'ai dû arrêter, car mon médecin m'interdisait de m'exposer trop longtemps au soleil. La mer a donc été rayée de ma liste de loisirs. Je me suis donc inscrit à l'école de pilotage et j'ai survolé Israël avec un professeur expérimenté. À la maison, j'étais inondé de catalogues d'avions. Mais juste avant mon premier vol en solo, je me suis retiré. J'ai soudain eu peur que voler dans un petit avion soit beaucoup plus dangereux que je ne le pensais.

Manifestement, je n'étais pas très doué pour les loisirs.

Dalia et moi avons commencé à voyager en Israël, parfois en famille, parfois avec des amis. Je ne me suis jamais lassé de ces voyages. Je peux encore me rendre en voiture sur le plateau du Golan trente fois par an, et ces panoramas m'émerveilleront toujours. J'ai également consacré du temps à une vieille maison que j'ai achetée à Nahalal, le premier moshav du pays, qui est le nom hébreu d'une coopérative agricole de travailleurs. J'ai vécu sept types d'enfer différents avant que le conseil du moshav n'approuve mon adhésion. J'étais le premier citadin autorisé à vivre à Nahalal depuis sa fondation en 1921. J'ai un peu arrangé la maison et je m'arrêtais souvent pour me promener dans les champs et voir la récolte. Chaque fois que je me rendais à Nahalal, je laissais mon téléphone portable à la maison. Même si je recevais encore quelques appels professionnels, à Nahalal, je voulais être complètement seul, avec la nature pour seule compagne. Cela m'offrait une sorte de paix que j'avais rarement trouvée dans le monde des affaires. Je m'étais engagé auprès du conseil du moshav à déménager à Nahalal dans les cinq ans, mais j'ai fini par vendre la maison parce que je ne remplissais pas cette condition. De temps en temps, je me rendais aussi au moshav de Paran, dans la région de l'Arava, pour aider nos amis Orit et Meir Hostetsky dans leur récolte de poivrons. La nuit, nous dormions sur des matelas dans une énorme tente installée juste à côté des champs de légumes et nous écoutions le chant des grillons. C'était très agréable. Meir est décédé depuis, mais je garde de merveilleux souvenirs du temps que nous avons passé ensemble. Il était mon ami le plus proche.

La retraite m'a permis de commencer mes journées par une course à pied et une séance d'entraînement à la salle de sport. J'ai recommencé à rencontrer des amis, à écrire des articles pour des journaux financiers et à lire beaucoup. Je recevais des rapports sur l'entreprise et je rencontrais régulièrement mes employés, mais je ne prenais aucune part aux décisions de l'entreprise. En fait, je ne me rendais que rarement à mon bureau. Dans la pièce où se trouvaient autrefois une multitude d'ordinateurs, il ne restait plus qu'un ordinateur portable, et il n'y avait qu'un téléphone sur le bureau. J'étais tellement reconnaissant pour tout ce que la vie m'avait apporté ; les bénédictions étaient tellement immenses. Mais pour être vraiment honnête avec moi-même, je me sentais un peu vide à l'intérieur. Cela peut sembler ingrat. Ce n'est pas le cas. J'avais travaillé si dur chaque jour depuis que j'étais enfant, et maintenant il n'y avait plus de travail pour remplir mes journées. Le travail me donnait un but, et je me sentais bizarre et mal à l'aise de ne plus l'avoir. Quelle serait ma raison d'être à présent ? À cinquante ans, j'étais encore jeune, et la transition a été difficile pour moi. Les gens s'attendaient peut-être à ce que je fasse des achats extravagants, mais je n'avais pas vraiment envie de quoi que ce soit. J'étais bien plus intéressé par la recherche de nouveaux défis que par l'achat de choses.

Il y avait bien mon travail bénévole , qui continuait à se développer et à me passionner, et, bien sûr, il y avait aussi mes anciennes activités politiques. Ma brève expérience en politique avait été remplie de déceptions, mais au moins je l'avais trouvée stimulante et j'avais beaucoup appris de mes erreurs. Je me suis dit qu'à présent, je pourrais peut-être aller aussi loin en politique que je l'avais fait en affaires. En 2006, j'ai dit à Dalia que j'envisageais de présenter ma candidature aux primaires du parti travailliste pour le Parlement. Elle m'a regardé comme si j'étais devenu fou.

— Tu n'en as pas eu assez, Avi ?

— Je crois que non.

— La politique n'est pas faite pour toi, a-t-elle poursuivi.

Dans une certaine mesure, j'étais d'accord avec elle. Mais j'avais une raison de continuer à faire de la politique. Je n'avais jamais abandonné ma quête de paix entre Israéliens et Palestiniens et, après l'initiative de Genève, je savais que le seul moyen de faire avancer la paix était d'acquérir de l'influence en tant qu'homme politique. Bien sûr, je devais percer dans la conscience publique et me présenter comme une nouvelle force montante. Cela allait demander un certain travail, étant donné que je n'étais pas une personnalité publique bien connue et que j'étais resté inactif pendant des années au sein du parti travailliste. Je me suis adressé à plusieurs agences de publicité et j'ai dépensé des millions en annonces dans les journaux et sur d'énormes panneaux d'affichage. Pour la première fois de ma vie, j'ai même organisé une conférence de presse. Je n'avais jamais cherché à me faire connaître auparavant. J'avais toujours évité les médias. Le nombre d'interviews que j'avais accordées se comptait sur les doigts d'une main. À ma grande surprise, des journalistes de tous les médias ont assisté à ma conférence de presse, tous voulant savoir pourquoi je me présentais aux primaires. J'ai répondu que je n'avais plus envie de faire des affaires, car j'avais gagné bien assez d'argent. J'avais décidé de consacrer le reste de ma vie à combler les écarts économiques et sociaux et à promouvoir le processus de paix. J'ai bénéficié d'une couverture médiatique beaucoup plus importante que je ne l'avais prévu.

Avant les primaires, j'ai passé des jours et des nuits sur la route de la campagne, visitant des grandes villes et des petites villes, des kibboutzim et des colonies frontalières. J'ai rencontré des gens aisés et d'autres qui gagnent à peine leur vie. C'était la première fois que j'avais un contact direct avec un échantillon aussi diversifié de la société israélienne, et j'ai beaucoup appris sur l'état d'esprit et les désirs des gens. J'ai pu discerner deux groupes prédominants : ceux pour qui l'idéologie l'emporte sur tout, et ceux qui déclarent leur soutien à un candidat dans le seul but de promouvoir leurs propres intérêts. J'ai tout fait pour souligner que j'étais indépendant, que je n'appartenais à personne et que je tenais à promouvoir mes propres programmes, qui étaient en phase avec les espoirs et les ambitions des citoyens du pays. Ma campagne a duré trois semaines. En fin de compte, j'ai à la fois réussi et échoué. Mon succès a résidé dans le fait que treize mille des soixante-dix mille membres inscrits du parti travailliste ont voté pour moi après ma courte campagne. Mon échec réside dans le fait que je n'ai pas obtenu les quarante mille voix qui m'auraient permis de siéger au parlement israélien. Ma quête d'une position politique a peut-être une nouvelle fois pris fin, mais j'ai continué à me consacrer à la recherche de la paix au Moyen-Orient.

42

Le Family Office

Tout comme mon temps libre retrouvé m'a submergé, mon compte en banque abondant m'a aussi submergé. L'énorme somme d'argent qui s'y trouvait m'inquiétait plus qu'elle ne me réjouissait. J'avais peur de devenir esclave de l'argent qui coulait à flots, ou de l'investir dans des projets qui échoueraient. Je me suis souvenu que mon père ne laissait jamais traîner d'argent. Toute somme qui entrait dans sa poche en ressortait rapidement pour être investie dans quelque chose de nouveau : un terrain, un nouveau projet de condominium, etc. J'aurais pu faire de même : investir, gagner, réinvestir. Mais j'avais promis à Dalia, et à moi-même, de prendre ma retraite à cinquante ans, et je ne voulais pas rompre cette promesse.

En 2006, j'ai été invité à une conférence des super riches à Gstaad, en Suisse. Les participants étaient une cinquantaine de personnes parmi les plus riches du monde, originaires d'Amérique, d'Asie, d'Europe, des Émirats arabes unis, d'Arabie saoudite et du Koweït. Au moins un quart d'entre eux étaient juifs. Le programme comprenait des conférences sur les options qui s'offrent aux millionnaires et aux milliardaires. L'une d'entre elles s'adressait aux personnes qui avaient atteint les objectifs qu'elles s'étaient fixés, qui avaient gagné beaucoup d'argent et qui cherchaient un moyen d'éviter que leur argent ne soit gaspillé par leurs héritiers. C'était un sujet qui me touchait. Je craignais que les générations futures de ma famille, qui devait hériter d'une fortune, soient négligentes et la gaspillent.

Le conférencier était le professeur John L. Ward, qui enseignait la gestion stratégique, la direction d'entreprise et l'entreprise familiale. C'était la première fois que j'entendais parler de ce qu'on appelle un « family office », ou bureau de gestion de patrimoine. L'idée est de créer un fonds dans lequel son argent et ses revenus futurs sont investis. Ce fonds est en fait destiné aux enfants, mais pour éviter qu'ils ne s'emparent de l'argent et ne le dépensent entièrement, la famille établit un ensemble de lignes directrices visant à déterminer la répartition de l'argent entre les membres de la famille, les investissements collectifs, l'étendue des activités philanthropiques du fonds et d'autres intérêts. Dans sa conférence, M. Ward a indiqué que des études montraient que 80 % des familles les plus riches du monde n'avaient pas mis en place de family office et que, par conséquent, les générations suivantes gaspillaient généralement l'argent dont elles avaient hérité. En revanche, 20 % des familles qui ont adopté un family office ont réussi à transmettre le capital d'une génération à l'autre tout en conservant leur héritage intact.

Ward, qui avait à peu près mon âge, était grand, mince et toujours souriant , et il dirigeait le Kellogg Center for Family Enterprises à l'université Northwestern de Chicago (rebaptisé par la suite John L. Ward Center for Family Enterprises). À la fin de la conférence, je l'ai approché et lui ai demandé s'il serait prêt à nous conseiller, ma famille et moi, sur la manière de créer notre family office. Le concept est similaire en Europe et aux États-Unis, et le professeur Ward partageait son temps entre l'enseignement universitaire et la consultation pour des clients fortunés. Il m'a dit qu'il aidait déjà deux familles israéliennes bien connues et qu'il serait heureux de m'aider moi aussi.

De retour à la maison, lorsque j'ai parlé à Dalia et aux enfants de la création d'un family office, je me suis heurté à une certaine résistance. Ils voulaient que j'abandonne l'idée. Cela leur semblait compliqué et inutile. J'ai supposé qu'il s'agissait d'une réaction assez typique des familles nouvellement riches. Dalia craignait qu'au moment où les règles entreraient en vigueur, nous nous retrouvions sans le sou. Il a fallu un certain temps pour persuader tout le monde que le family office garantirait de l'argent à chacun d'entre nous et qu'on s'occuperait bien de nous à l'avenir.

Avec les conseils du professeur Ward, j'ai commencé à prendre les premières mesures. Tout d'abord, j'ai cherché à déposer l'argent dans des mains dignes de confiance jusqu'à ce que le family office soit achevé. Je me suis rendu dans une banque londonienne spécialisée dans ce type de fonds. Le gestionnaire du fonds voulait savoir d'où venait l'argent, et je lui ai parlé de 888.com. Lorsqu'il a compris ce que faisait mon entreprise, il a froncé le nez. « Notre banque ne gère pas les bénéfices des jeux d'argent », a-t-il dit poliment mais froidement, et il m'a raccompagné à la porte. J'étais contrarié, mais je pensais que cette banque était précisément l'institution financière la mieux placée pour gérer mes fonds, et je n'ai donc pas renoncé à l'institution. Au lieu de cela, j'ai engagé un jeune avocat londonien et lui ai demandé de m'aider à modifier la décision de la banque. Il a rencontré les dirigeants de la banque et les a pris à partie. Ils se sont excusés et m'ont invité à un autre rendez-vous. Le gestionnaire du fonds m'a dit qu'il avait mal compris la politique de la banque et m'a traité avec beaucoup de courtoisie, m'offrant du thé et des scones, me parlant de sa famille et de ses loisirs et me recommandant des restaurants londoniens. Puis il est entré dans le vif du sujet. Il m'a expliqué qu'il y avait des fonds contrôlés par les propriétaires et des fonds auxquels les propriétaires ne pouvaient pas toucher. J'ai choisi les seconds.

— Vous devez savoir que c'est comme si vous preniez tout votre argent, que vous le mettiez dans un coffre-fort et que vous le jetiez dans l'océan.

— Oui, je comprends, ai-je dit.

J'ai transféré tous mes bénéfices et toutes les actions de la société dans le fonds. Mes enfants, Eyal, Michal et Ori, travaillaient tous dans diverses branches de 888.com et leurs salaires n'étaient pas plus élevés que ceux d'un employé moyen. Nous avons décidé à l'unanimité que Michal superviserait le processus de création du family office . Elle était titulaire d'une licence en sciences du comportement et possédait une excellente capacité à comprendre le comportement humain et la conduite des affaires. Mes rencontres avec le professeur Ward ont eu lieu en Israël et en Europe, où il s'occupait de family offices pour plusieurs clients fortunés. Occasionnellement, Dalia, les enfants et moi-même l'avons rencontré pendant deux ou trois jours. Ces réunions suivaient un régime strict : au début de chaque réunion, chaque participant offrait à tous les autres participants des cadeaux d'une valeur inférieure à dix dollars. Tout le monde s'asseyait autour d'une table ronde. Les téléphones portables devaient être éteints. Après toute dispute, les participants devaient se serrer dans les bras les uns des autres. Le professeur Ward nous donnait ensuite des devoirs. Par exemple, il nous a demandé, à Dalia et à moi, de dresser une liste des valeurs familiales que nous voulions transmettre à nos enfants et aux générations futures. J'ai fait une liste qui comprenait toutes les directives commerciales auxquelles je pouvais penser, en soulignant l'importance de notre lien avec Israël et les valeurs de la nation. Dalia a écrit cette lettre :

Chers Eyal, Michal et Ori,

Nous vous confions l'entreprise familiale car nous sommes convaincus que vous saurez la gérer correctement, la faire prospérer et la transmettre avec succès aux générations futures. Je suis sûre que vous travaillerez ensemble avec une considération et une confiance mutuelles. Je ne doute pas que vous créerez une base solide pour l'entreprise et que vous renforcerez les liens familiaux entre vous, vos partenaires et vos enfants. Nous croyons en votre capacité à mener à bien la tâche difficile qui vous est confiée. Évitez les blasphèmes et le langage vulgaire, soyez patients, faites preuve d'amour, soyez optimistes. Encouragez-vous les uns les autres dans les moments difficiles, donnez-vous de l'espoir, ne craignez pas le changement, demandez conseil à des experts, apprenez à accepter les critiques, tirez les leçons de vos erreurs et, surtout, n'oubliez pas que la famille passe toujours avant les affaires.

Je vous aime,
Maman

Ward nous a montré un family office qui avait été transmis par sept générations d'une riche famille japonaise et qui garantissait la bonne gestion de leurs ressources financières. Il ne comportait qu'une seule page. Au cours de nos réunions, nous avons convenu en principe que nos trois enfants géreraient l'entreprise avec un comité de quatre experts en qui nous pouvions avoir confiance.

La grande question était bien sûr de savoir à quoi ressemblerait la famille dans deux, trois ou plusieurs générations, quels critères seraient appliqués pour choisir les gestionnaires au sein de la famille, quelle serait l'étendue de leur autorité, et comment ils se comporteraient avec des parents susceptibles d'avoir des exigences diverses. Nous espérions tous que, grâce à une bonne éducation et à l'inculcation des valeurs familiales, tous les membres de la famille auraient envie de développer l'entreprise familiale pour le bien de leurs descendants.

Lors de nos réunions avec le professeur Ward, nous avons formulé les sections de notre family office sur la base de documents similaires déjà utilisés avec succès. Nous avons discuté de chaque nouveau paragraphe. Par exemple, le professeur Ward nous a demandé dans quelles conditions Eyal, Michal et Ori embaucheraient un membre de leur famille, comme un cousin germain ou la nièce d'un cousin au second degré. Le paragraphe qui en est ressorti stipulait que seul un membre de la famille possédant un diplôme universitaire, une maîtrise de base de trois langues et deux ans d'expérience professionnelle, par exemple, en travaillant dans une entreprise n'appartenant pas à la famille, pourrait prétendre à un poste.

Je laissais généralement les enfants mener la majeure partie de la discussion. Après tout, il s'agissait d'un accord avec lequel ils allaient devoir vivre. Chaque paragraphe ayant une incidence sur leur conduite future, il était important que la formulation soit acceptable pour eux. La profondeur des discussions et l'efficacité avec laquelle elles étaient menées me dépassaient souvent. Mon père n'a pas légué à ses enfants un family office. Il ne savait même pas ce que ce terme signifiait. Cependant, il a souvent parlé de son désir de voir ses enfants gérer l'argent et les biens qu'il avait accumulés. Il m'arrive de penser à ce qu'aurait été ma vie s'il nous avait permis, à mon frère et à moi, de gérer ses entreprises de son vivant, grâce à la création d'une sorte de family office. Ma vie aurait probablement été très différente. J'imagine que je serais resté dans la construction, comme mon père. J'aurais peut-être créé un empire immobilier et je n'aurais pas eu le temps de penser à d'autres opportunités commerciales. Je ne le saurai jamais. Mais mes enfants et les générations futures de ma branche de la famille Shaked disposeraient d'un family office qui leur donnerait une meilleure orientation.

43

Être riche

Ma famille est le plus beau et le plus important cadeau de ma vie. Elle est ma véritable richesse. Pendant de nombreuses années, j'ai été totalement immergé dans les entreprises que j'essayais de faire décoller. Pendant ces années chargées, j'ai toujours essayé de trouver le temps d'être à la maison avec Dalia et les enfants autant que possible. Ni Dalia ni mes enfants ne se plaignaient du temps que je passais au travail, mais je savais que je n'étais pas toujours là pour eux, surtout pendant les premières années de leur vie. C'est pourquoi, lorsqu'ils ont grandi, il était important pour moi d'être là lorsqu'ils avaient besoin de moi. Eyal, mon aîné, adorait monter à cheval. Il en a fait tous les jours pendant dix ans, et Dalia et moi nous partagions la tâche de le conduire à l'écurie et d'en revenir. Il a participé à des compétitions et a remporté des prix importants. Je n'ai jamais manqué une compétition et j'étais présent lorsqu'il s'est classé deuxième au championnat israélien de course de haies. Lorsque ma fille Michal était dans l'armée et servait dans une base du désert du Néguev, j'avais l'habitude de conduire jusqu'à la base pour aller la chercher pendant ses permissions. Le trajet durait plusieurs heures et nous permettait de parler sans interruption. Mon fils cadet, Ori, adorait le football. Je l'ai emmené voir des dizaines de matchs en Israël et à l'étranger. Aujourd'hui, bien qu'ils aient tous grandi, je vois mes enfants presque tous les jours pour savoir ce qu'ils font et comment ils vont.

Cela peut paraître fou, mais mes enfants ont eu du mal à se faire à l'idée que nous étions devenus riches. Non seulement notre richesse est apparue soudainement, mais le mode de vie qu'elle nous offrait était en totale contradiction avec ce que nous avions vécu auparavant. Nous ne savions pas vraiment comment devenir riches et nous n'étions pas sûrs de vouloir apprendre. Lorsque Michal était étudiante à l'université Ben-Gurion, elle ne parlait jamais de l'entreprise familiale ou de la richesse. Elle louait un appartement avec une colocataire et travaillait comme tutrice pour payer ses études. Elle ne voulait pas que nous lui achetions une voiture et elle achetait ses vêtements au marché en plein air ou les échangeait avec des amis. Les garçons non plus n'ont jamais acheté de vêtements de marque. Ils ont tous été attirés par des personnes partageant les mêmes valeurs. C'est l'œuvre de Dalia. Elle est mon opposé polaire : conservatrice, extrêmement calme et terre à terre, se contente de peu, cuisine, tient la maison et aime une vie simple. Quelqu'un lui a demandé un jour combien de fois par semaine nous mangions du caviar et buvions du champagne, et Dalia a répondu : « Nous mangeons ce que tout le monde mange : du poulet, de la salade et des ziti au four ». Elle a toujours détesté les voyages à l'étranger, les réceptions et le shopping. Donnez-lui un bon livre, laissez-la jouer du piano, et vous ferez sa joie. De mon côté, j'ai toujours été agité et j'ai toujours cherché à relever des défis et à vivre des aventures impossibles. Je m'intéresse de très près à tous les sujets. Dalia me disait quand j'en faisais trop. Si, par exemple, nous voyageons quelque part dans un taxi, il était probable que je me lance dans une longue conversation avec le chauffeur de taxi sur sa vision de la vie. Dalia me disait que je l'importunais certainement, mais les gens m'intéressent. Ces conversations m'apprennent toujours quelque chose de nouveau. À sa décharge, elle a appris à vivre avec mes particularités. « Qu'est-ce que je vais faire ? » a-t-elle à une amie avec une irritation moqueuse. « C'est mon mari. Il a quelques défauts, mais il a aussi ses bons côtés ».

44

Entrepreneurs en herbe

Le Talmud, texte central du judaïsme rabbinique et source principale de la loi religieuse et de la théologie juives, contient un traité appelé Bava Metzia, qui traite principalement de discussions sur le droit civil. Une phrase tirée de cet ouvrage est devenue un dicton populaire en hébreu : « Celui qui a l'argent en main a le dessus ». Dans ma vie, j'ai rencontré beaucoup de gens qui étaient d'accord avec cette phrase. Ils aiment agiter leur argent comme une sorte de baguette magique pour obtenir ce qu'ils veulent ou gagner plus d'argent. Ce n'est pas du tout ainsi que je conçois l'argent.

Dans les affaires, l'argent est comme le carburant d'un moteur, mais il n'est jamais le moteur lui-même. Le carburant ne sert qu'à faire fonctionner le moteur. En vérité, les entreprises, pour le meilleur ou pour le pire, se développent et s'effondrent grâce à la force de leur personnel. Le facteur humain − talent, expérience, discipline, vision − est bien plus important que l'argent, qui n'ajoute de la valeur que s'il est utilisé à bon escient. En dehors du monde des affaires, l'argent est un outil qui peut améliorer la société lorsque les gens choisissent de le mettre à profit. Dès que l'argent a commencé à s'accumuler sur mon compte bancaire, j'ai commencé à réfléchir à ces concepts.

Un jour de 1999, Aaron et moi sommes allés voir Miriam Fierberg, la maire de Netanya. Nous lui avons dit que nous voulions savoir comment nous pouvions aider notre ville natale bien-aimée. La maire a dressé la liste de tous les besoins urgents de la ville. Elle nous a parlé du centre de jeunesse qui manquait cruellement de fonds. Elle nous a parlé des enfants qui ne disposaient pas des équipements de base pour apprendre à la maison. Nous avons décidé de prendre sous notre aile huit centres de jeunesse dans les cinq quartiers défavorisés de la ville. La première fois que nous avons visité ces centres, qui étaient situés dans des centres de loisirs et même dans certains abris anti-bombes, nous avons trouvé un mobilier miteux, très peu d'équipement et un personnel restreint mais dévoué qui essayait, en vain, d'intégrer les enfants de familles démunies dans des activités éducatives productives. Dans la plupart des cas, les enfants allaient directement de l'école aux centres de jeunesse, où ils restaient jusqu'à l'heure du dîner. Il s'agissait d'une partie importante de leur journée, mais nous avons été stupéfaits de découvrir qu'aucun des centres ne possédait ne serait-ce qu'un seul ordinateur. À la fin de la visite, Aaron a déclaré : « Mes propres enfants ont des ordinateurs. Je veux que ces enfants en aient aussi ». Nous avons acheté 160 ordinateurs modernes équipés de logiciels avancés et d'imprimantes. Nous en avons placé vingt dans chaque centre, les avons connectés à un service Internet à haut débit et avons engagé des tuteurs, des étudiants de l'université de Netanya, pour enseigner l'informatique aux enfants. Mais les ordinateurs n'étaient qu'un début. Nous avons découvert qu'en raison du manque de fonds , les enfants ne mangeaient que des sandwichs à la confiture dans les centres de jeunesse. Nous avons immédiatement créé un budget pour les repas chauds. Aujourd'hui encore, nous nous rendons fréquemment dans les centres de jeunesse pour voir comment les enfants progressent dans leurs cours d'informatique. Beaucoup d'entre eux ont fait du centre de jeunesse leur deuxième maison. Je les ai vus pendant la journée, et parfois la nuit, en train d'étudier devant les ordinateurs. Pour les jeunes qui arrivent dans les centres et qui trouvent que tous les ordinateurs sont déjà utilisés, il y a des écrans géants, des projecteurs et une grande bibliothèque de DVD.

Un autre projet auquel je me suis consacré concerne les enfants qui ont abandonné l'école et qui ont des problèmes dans la rue. L'idée était de lancer un programme de création d'entreprise pour aider ces jeunes à réussir dans la vie. C'est Rina Bartal, adjointe au maire de Ra'anana, qui a eu l'idée initiale du projet que nous avons finalement appelé « Beyond the Horizon ». Le département des jeunes à risque de la municipalité de Netanya s'est joint au projet par la suite. Je me suis porté volontaire pour animer les réunions du groupe.

La première fois que je me suis présenté, j'ai rencontré plusieurs jeunes filles et garçons qui m'ont tous regardé avec une curiosité évidente. Je leur ai dit que j'étais là pour leur enseigner quelques notions de base en gestion d'entreprise, et leurs yeux ont brillé d'enthousiasme et d'impatience. Avec l'aide de la ville, nous avons obtenu le feu vert pour développer notre première source de revenus pour les enfants du groupe : la publicité sur une centaine de lampadaires de la ville. Un atelier local a construit le matériel sur lequel nos bannières publicitaires payantes devaient être suspendues. En tout, nous avions de la place pour quatre cents annonces. Deux fois par semaine, pendant trois heures, j'ai enseigné aux enfants du groupe comment créer et gérer une entreprise et comment réaliser une vente. Je les ai envoyés dans les entreprises de Netanya et j'étais ravi chaque fois qu'ils réussissaient à vendre un espace publicitaire. Outre la vente, les jeunes avaient plusieurs tâches à accomplir pendant leur formation. Ils devaient se coordonner avec les graphistes qui concevaient les annonces, aller voir l'imprimeur, se rendre à la banque pour déposer les recettes publicitaires, enlever les anciennes annonces à la fin de la période publicitaire pour pouvoir en accrocher de nouvelles, etc. Le compte bancaire était entièrement géré par les enfants. Une fois par mois, ils fixaient également les salaires des uns et des autres, ce qui était toujours intéressant à observer. La rumeur de la création d'un groupe d'entrepreneurs pour adolescents a fait le tour de Netanya et les salles de classe se sont rapidement remplies de nouveaux élèves. De nombreux parents étaient impatients de voir leurs enfants participer à ce groupe. « C'est la seule façon pour mon fils d'apprendre un métier », m'a dit une mère.

Enseigner à ces groupes m'a rempli d'exaltation. Chaque rencontre a été une expérience inoubliable pour moi et, je pense, pour les enfants aussi. Lentement mais sûrement, ils ont créé et développé leurs propres entreprises. Ils ont également préparé leurs examens de fin d'études secondaires avec des tuteurs engagés par la municipalité. Aujourd'hui encore, je rencontre d'anciens élèves qui occupent aujourd'hui des postes à responsabilité dans diverses entreprises et institutions publiques, et certains de mes anciens élèves sont même devenus chefs d'entreprise.

45

Toujours en activité

Alors que je rédige les dernières pages de mes mémoires, je suis heureux de dire que l'entreprise que j'ai créée avec Aaron, Shay et Ron a aujourd'hui près de trente ans. Malheureusement, seuls deux d'entre nous sont encore en vie pour célébrer cette réussite. Mon frère a lutté contre un cancer du pancréas et est décédé en 2010. Shay a été tué dans l'accident d'un petit avion privé en Israël en 2020. Cela me brise le cœur qu'ils ne soient pas là pour vivre les grandes choses qui sont arrivées à 888.com ces dernières années. Aaron et Shay me manquent tous les jours.

En mai 2022, la société a annoncé que les actionnaires avaient approuvé l'acquisition, pour un montant de 3,1 milliards de dollars, du site international de jeux d'argent William Hill, l'un de nos plus grands concurrents. La transaction a été conclue en juillet 2022, faisant de 888.com une entreprise beaucoup plus importante. La même année, en novembre, mon fils Ori a rejoint le conseil d'administration de la société. Beaucoup d'entreprises font des acquisitions précoces. Ce n'est pas notre cas. Nous avons attendu. Il nous a fallu vingt-cinq ans pour être prêts à acheter William Hill.

Chaque entreprise est différente, mais c'était exactement le bon moment pour notre société.

Selon moi, il existe un cycle que les entreprises doivent suivre pour se développer de manière fiable. La première étape consiste à créer de la valeur et des fondations solides. Je pense que cela prend au moins dix ans. Au cours de cette phase, vous devenez rentable et vous partagez des dividendes avec vos actionnaires. La deuxième étape consiste à acquérir. Cela implique généralement un endettement important. La priorité de la troisième phase est de rembourser toutes les dettes et de rétablir la rentabilité de votre bilan. Une fois cette étape franchie, vous pouvez repasser en mode croissance et partage des dividendes. Notre formule consiste à partager 50 % des bénéfices avec nos actionnaires et à conserver les 50 % restants pour alimenter la croissance de l'entreprise. Après avoir remboursé les dettes et accumulé suffisamment de bénéfices, il est temps de recommencer le cycle avec une nouvelle acquisition. C'est le cycle commercial qui a si bien fonctionné chez 888.com au cours des trois dernières décennies.

En octobre 2023, l'entreprise a nommé un nouveau PDG, Per Widerstöm. En 2024, nous avons franchi une autre étape importante et changé notre nom en Evoke, reflétant ainsi le nombre croissant de marques internationales et de secteurs d'activité de l'entreprise. Après toutes ces années, je suis toujours un actionnaire important et je me soucie toujours des décisions qui sont prises.

46

Plans de paix

Parfois, des amis me demandent si l'argent m'a changé. Ma réponse est à la fois oui et non. Il m'a rendu plus conservateur, car je m'efforce de préserver la richesse que j'ai accumulée pour ma famille, ma communauté et les générations futures. Pour le reste, je n'ai pas beaucoup changé. Je n'ai perdu aucun ami sur la route du succès. Je suis marié à la même femme depuis près de cinquante ans et je l'aime toujours autant aujourd'hui que lorsque je l'ai rencontrée pour la première fois. J'ai une famille merveilleuse qui me soutient. Je n'ai pas de yacht, d'avion privé ou de maison sur la Côte d'Azur. Ce n'est tout simplement pas moi. Mais la richesse a considérablement accru mon sens des responsabilités. Pendant les années qu'il me reste à vivre sur terre, je continuerai à mettre mon argent au service du bien. Je veux contribuer à rendre le monde meilleur avant de le quitter. Un proverbe grec dit : « Une société grandit lorsque les vieillards plantent des arbres à l'ombre desquels ils savent qu'ils ne s'assiéront jamais ». J'aimerais planter de tels arbres et contribuer à la réalisation du plein potentiel de mon pays bien-aimé, Israël. Pour moi, cela signifie qu'Israël doit montrer la voie vers un Moyen-Orient plus pacifique, et pour l'instant, ce n'est pas ce que fait mon pays.

En 2006, un interviewer m'a demandé :

— M. Shaked, quel est votre objectif ?.

Ma réponse était simple.

— J'ai gagné beaucoup d'argent, mais je suis prêt à tout dépenser si cela peut conduire à la paix.

Au fond de moi, je suis un homme d'affaires et un artisan de la paix qui sait que tous les êtres humains sont les mêmes aux yeux de Dieu. Les Arabes et les Israéliens sont frères et sœurs. Nous devrions prendre soin les uns des autres, et non essayer de nous détruire mutuellement. Les gouvernements et les hommes politiques déclarent la guerre parce qu'ils sont devenus insensibles à la souffrance humaine de ceux qu'ils dirigent. C'est cette amère réalité qui me pousse à poursuivre mes initiatives en faveur de la paix, quels que soient les obstacles que je rencontre. La paix, ou *shalom* en hébreu, est mentionnée des centaines de fois dans la Torah juive et la Bible chrétienne. Lorsque les Arabes se saluent, ils disent « *As-salemu aleikum* », ce qui signifie « Que la paix soit avec vous ». Le bouddhisme enseigne la non-violence, la paix et l'harmonie. L'hindouisme met l'accent sur le concept de paix, *shanti*, obtenu par l'*ahimsa*, la non-violence, et affirme que tous les êtres vivants sont interconnectés et doivent être traités avec respect. Quelles que soient vos croyances ou votre foi, la paix est toujours présentée comme la meilleure voie à suivre pour l'humanité. « La paix est le seul combat qui vaille la peine d'être mené », a déclaré le philosophe français Albert Camus. C'est certainement la *seule* bataille que je souhaite mener à ce stade de ma vie.

Après avoir vu toutes les années de travail acharné sur l'initiative de Genève sapées par le fait que le gouvernement israélien de l'époque ne soutenait pas une solution à deux États pour Israël et la Palestine, j'étais découragé et en colère. Je savais que je devais faire quelque chose. Puis, le 27 décembre 2008, le septième jour d'Hanoukka cette année-là, les forces de défense israéliennes (FDI) ont lancé l'opération « Plomb durci » dans la bande de Gaza dans le but de frapper les infrastructures du Hamas utilisées pour tirer des roquettes sur Israël. Au cours de cette opération de vingt-deux jours, plus de 1 400 personnes ont été tuées, dont quelque 300 enfants, en grande majorité des Palestiniens. Israël a dû se défendre, mais les représailles ont été brutales. Au plus fort des combats, j'ai de nouveau tenté de joindre mon collègue palestinien Ahmed Yousef. J'ai appelé son téléphone pendant des heures, espérant qu'il demanderait à son patron, le chef du Hamas Ismail Haniyeh, d'organiser une rencontre avec moi. Deux ans s'étaient écoulés depuis ma dernière tentative pour joindre Yousef, et les relations israélo-palestiniennes étaient de nouveau au plus bas.

Lorsque j'ai finalement eu Yousef au téléphone et que je lui ai proposé de servir de médiateur, j'ai réitéré mon offre de donner un milliard de dollars au Hamas s'il signait un traité de paix avec Israël. Des philanthropes, des banques et des organisations juives du monde entier m'avaient promis qu'ils seraient en mesure de réunir cet argent très rapidement, à condition qu'il ne soit pas utilisé pour l'achat d'armes, mais plutôt pour la construction d'industries palestiniennes dans la bande de Gaza. J'étais prêt à mettre personnellement une grande partie de ma fortune au service de cette cause. Pour être sûr d'être prêt en cas de réponse positive de Yousef, j'ai loué un hélicoptère en attente sur l'aérodrome d'Herzliya, tout proche, pendant que j'attendais impatiemment qu'on me rappelle. Finalement, le téléphone a sonné et Yousef m'a dit qu'il pouvait organiser la rencontre à Gaza mais qu'il ne pouvait pas garantir ma sécurité. Les services de sécurité israéliens m'ont dit que sans une telle garantie, je n'étais pas autorisé à partir. J'ai rappelé Yousef et laissé un message suggérant que lui et Ismail Haniyeh se rendent à Netanya avec leur personnel de sécurité. J'ai prié pour qu'il accepte, mais je n'ai jamais eu de nouvelles.

En fin de compte, je ne suis pas allé à Gaza et Yousef n'est pas venu à Netanya. Ce n'était la faute de personne, mais ce fut une nouvelle occasion manquée de faire avancer la cause de la paix, et il y en a eu tant au fil des ans. Mais en affaires comme dans le processus de paix, il ne faut jamais considérer le non comme le dernier mot ou une occasion manquée comme une dernière chance. L'effondrement du régime violent du président Bachar el-Assad en Syrie le 8 décembre 2024, marque la fin de la guerre civile syrienne qui a commencé en 2011 et a tué des centaines de milliers de civils innocents au cours de ce conflit dévastateur qui a duré treize ans. Bien que l'avenir du pays soit encore incertain, les Syriens reviennent en masse dans leur patrie pour reconstruire leur vie. L'espoir de paix renaît. Quelques jours seulement après la chute d'Assad, je me suis rendu sur les hauteurs du Golan, une région prise à la Syrie par Israël lors de la guerre des six jours en 1967. Dans le cadre de mon travail pour la paix, j'y ai rencontré les Druzes, des Arabes musulmans restés fidèles à la Syrie. Maintenant qu'Assad n'est plus là, ils envisagent l'avenir sous un angle différent. Ils m'ont dit qu'ils avaient toujours vécu avec la guerre et qu'ils espéraient une vie meilleure dans la paix.

— M. Shaked, m'a dit l'un des anciens druzes, lorsque la paix règne enfin autour de vous, elle règne aussi en vous.

Ses sages paroles resteront longtemps dans ma mémoire et me rappelleront que de nouvelles portes s'ouvrent toujours, quelle que soit la morosité de la situation. Et en ce moment, les choses ici, chez nous, en Israël, semblent plutôt lugubres.

Le 7 octobre 2023, le Hamas a lancé une attaque de grande envergure contre Israël, l'une des plus meurtrières et des plus intenses dans la région depuis des années. L'attaque a commencé tôt le matin, lorsque les militants ont tiré des milliers de roquettes sur les villes et villages israéliens, submergeant les systèmes de défense. Dans le même temps, des combattants armés du Hamas se sont infiltrés dans le sud d'Israël par voie terrestre, maritime et aérienne, attaquant aussi bien des civils que des cibles militaires. L'assaut a provoqué la mort de plus de 1 400 personnes, pour la plupart des civils israéliens, a fait de nombreux blessés et a entraîné des prises d'otages. L'attaque a été largement condamnée et a entraîné une escalade significative de la violence, Israël répondant par des frappes aériennes et une opération militaire à Gaza qui a fait des dizaines de milliers de morts et des millions de sans-abri parmi les Palestiniens. Cet événement a déclenché un tollé mondial et suscité des inquiétudes quant aux conséquences plus générales pour la paix et la stabilité au Moyen-Orient.

Pourquoi la paix est-elle si difficile à atteindre ?

Peut-être parce que, trop souvent, les dirigeants mondiaux pensent que la paix ne peut être obtenue que par la force brute, la puissance militaire, la construction de murs, l'endiguement, l'oppression économique ou l'anéantissement. C'est ce qui se passe actuellement, mais cela n'a fait qu'accroître les souffrances humaines à grande échelle. Il existe une meilleure solution. Pour paraphraser l'ancien président américain Ronald Reagan, la paix ne signifie pas qu'il n'y a pas de conflit ; il s'agit de gérer les conflits de manière pacifique. Nous devons revenir à la table des négociations et parler les uns avec les autres dans le respect. Nous devons résoudre nos problèmes ensemble, faire des compromis et trouver des solutions durables pour mettre fin à l'effusion de sang. Je sais que c'est possible parce que je l'ai vu de mes propres yeux lors de la signature de l'initiative de Genève. Mais à la suite de ce qui s'est passé, ou ne s'est pas passé, après la signature de l'initiative de Genève, je ne suis plus naïf quant à la façon dont la paix devient une réalité. Il faut l'adhésion, l'engagement, le pouvoir et les ressources des gouvernements. C'est pourquoi, en mai 2024, je me suis présenté aux primaires pour devenir président du parti travailliste israélien. Je n'ai pas gagné, mais l'expérience a suscité une nouvelle réflexion importante sur le fonctionnement de la politique en Israël et sur son impact sur le processus de paix.

Mon pays compte plus de cinquante partis politiques actifs, mais seuls quelques-uns d'entre eux obtiennent un réel pouvoir à la Knesset : le Likoud, le Shas et le Foyer juif pour le gouvernement actuel dirigé par le Premier ministre Benjamin Netanyahu, et Yesh Atid, l'Unité nationale et Yisrael Beiteinu pour le front de l'opposition actuelle. Mon propre parti, le parti travailliste, qui comptait autrefois parmi les plus puissants d'Israël, a été considérablement affaibli depuis que notre premier ministre, Ehud Barak, a sapé sa propre plate-forme diplomatique après l'échec des pourparlers de Camp David en 2000. Une deuxième intifada violente a éclaté peu après que Barak a déclaré « qu»il n'y a pas de partenaire palestinien » pour la paix. Mais il y avait un partenaire, et même plusieurs. Je le sais parce qu'ils travaillaient avec moi et mes collègues israéliens dans les coulisses pour élaborer l'initiative de Genève. Barak n'aurait pas dû abandonner le processus de paix.

Faire échouer la paix ne semble pas renforcer un parti politique. En fait, depuis 2000, le pouvoir du parti travailliste a diminué. Les résultats extrêmement faibles du parti lors des dernières élections ne lui ont laissé qu'une poignée de sièges à la Knesset. Face à cette perte d'influence, la direction du parti travailliste a décidé de fusionner avec le parti rival Meretz et de former un nouveau parti, les Démocrates. En juillet 2024, le parti travailliste auquel j'avais lié mes espoirs pendant tant de décennies n'existe plus. Pire encore, très peu de gens semblent avoir remarqué la mort d'un parti politique qui a apporté au monde des premiers ministres pacificateurs comme Yitzhak Rabin et Shimon Peres. La mort du parti travailliste montre la dure réalité du système politique complexe et désordonné de mon pays et explique en partie pourquoi la paix reste si difficile à obtenir entre Israéliens et Palestiniens.

Le parti travailliste ayant disparu, j'ai demandé à Drar Amreh, un Israélien musulman, de créer un nouveau parti, appelé « Together We Succeed » (Ensemble, nous réussissons). Nous nous concentrerons sur une représentation équitable et sur la recherche de la paix et de la justice sociale pour les Arabes et les Juifs. Il y a 2,1 millions de citoyens arabes en Israël, soit environ 21 % de la population du pays, mais leur représentation à la Knesset est minime. Sous ma direction, le programme « Together We Succeed » changera cette situation. Et lorsque nous aurons nommé un premier ministre, nous pourrons réexaminer l'initiative de Genève et d'autres initiatives de paix afin d'instaurer une paix durable par le biais d'une solution à deux États.

Pour réussir, Together We Succeed doit naviguer efficacement dans la structure politique complexe d'Israël.

La Knesset compte cent vingt sièges. Si un parti souhaite être représenté à la Knesset, il doit obtenir au moins 3,25 % des voix pour obtenir un siège. Le nombre de sièges est proportionnel au nombre de voix obtenues par le parti. Pour obtenir le pouvoir au plus haut niveau, un dirigeant doit disposer d'une majorité de soixante et un sièges, ce qui est très difficile à obtenir avec autant de partis politiques. C'est là qu'interviennent les coalitions. Les grands partis courtisent de nombreux petits partis avec de l'argent et des concessions pour former des coalitions suffisamment importantes pour obtenir la majorité. Actuellement, ce jeu de chaises musicales se déroule dans les quelques semaines *suivant* une élection. Au milieu de ce marchandage précipité, les concessions et les prises de pouvoir se font à la volée. C'est chaotique et désordonné. Si une coalition obtient la majorité, elle peut présenter le président de son parti au poste de premier ministre. Si aucune coalition n'atteint la majorité, tout le processus recommence. Ce système fonctionne comme un virus mortel dans la politique israélienne, paralysant les premiers ministres et les rendant redevables à tous les petits partis qui ont rejoint leur coalition, et certains de ces partis sont extrémistes. Il s'agit avant tout de manœuvrer pour obtenir une majorité, et non de conduire le pays vers un avenir meilleur et plus pacifique. Il existe une autre voie. Il s'agit d'une *Reshima Meshutefet*, ou liste commune, c'est-à-dire une coalition de partis qui règlent tous leurs problèmes *avant* les élections afin d'agir en tant que front uni *après* les élections. Cette méthode a déjà été utilisée, mais pas à l'échelle que j'envisage. C'est ainsi que Together We Succeed se rassemblera, obtiendra une majorité à la Knesset et mettra en place un premier ministre pacifiste.

L'alternative inacceptable est celle que nous voyons actuellement se dessiner. À l'heure où j'écris ces lignes, des milliers d'Israéliens sont morts et plus de quarante-deux mille habitants de Gaza ont été tués, tandis que des millions de personnes ont été déplacées et se trouvent dans des camps de réfugiés. La guerre s'est étendue au Liban et, dans le cadre d'une nouvelle escalade, des missiles ont été tirés vers et depuis l'Iran. L'escalade inquiétante se poursuit. Quand s'arrêtera-t-elle ? La Cour pénale internationale (CPI), une organisation intergouvernementale et un tribunal international siégeant à La Haye, aux Pays-Bas, qui poursuit les personnes accusées de crimes de guerre, de crimes contre l'humanité et de génocide, a annoncé le 20 mai 2024 que son procureur général déposerait des demandes de mandats d'arrêt à l'encontre des dirigeants du Hamas Yahya Sinwar, Mohammed Deif et Ismail Haniyeh et des dirigeants israéliens, le Premier ministre Benjamin Netanyahu et le ministre de la Défense Yoav Gallant. La demande de mandat contre Haniyeh a été retirée à la suite de son assassinat le 31 juillet 2024, et la demande de mandat contre Sinwar a été retirée à la suite de son assassinat le 16 octobre 2024. En février 2025, le procureur a confirmé l'assassinat de Deif le 13 juillet 2024, et la demande de mandat a été retirée. Ils sont tous accusés de crimes contre l'humanité dans le cadre du conflit actuel. Les cent vingt-cinq États membres de la CPI sont tenus, en vertu des statuts fondateurs de la Cour, d'arrêter et de livrer toute personne faisant l'objet d'un mandat d'arrêt de la CPI si elle met le pied sur leur territoire. Cela ne fait qu'isoler Israël de ses alliés, ce qui n'est jamais bon au milieu d'un conflit. La position d'Israël dans le monde continue de se dégrader à mesure que les destructions se poursuivent.

Début février 2025, le président Donald Trump a dévoilé une proposition controversée concernant la bande de Gaza. Lors d'une conférence de presse conjointe avec le Premier ministre Benjamin Netanyahu, M. Trump a suggéré que les États-Unis « prennent le contrôle » de la bande de Gaza, afin de la transformer en « Riviera du Moyen-Orient ». Ce plan prévoit la réinstallation de la population palestinienne dans les pays voisins, tels que l'Égypte et la Jordanie, dans le but de reconstruire Gaza pour en faire une région prospère. Cette proposition a suscité de nombreuses critiques au niveau international. Les dirigeants palestiniens ont fermement rejeté l'idée, soulignant leur droit à rester dans leur patrie. Les Nations unies et l'Union européenne ont également exprimé leur vive opposition, réaffirmant leur engagement en faveur d'une solution à deux États qui inclurait Gaza comme partie intégrante de la Palestine. Les détracteurs de ce plan estiment qu'il n'est pas réaliste et qu'il risque de déstabiliser davantage la région. Ils soulignent les difficultés liées au déplacement de près de deux millions de personnes et s'interrogent sur la faisabilité de la transformation de Gaza en une destination de luxe. En outre, des inquiétudes ont été exprimées quant à la violation potentielle du droit international et des droits du peuple palestinien.

Malgré les réactions négatives, le président Trump semble rester optimiste quant à la possibilité d'obtenir le soutien des dirigeants du Moyen-Orient et des pays riches pour financer les efforts de reconstruction. Il considère le projet comme un moyen de créer des emplois et de stabiliser la région. Toutefois, le succès de la proposition dépend de la capacité à surmonter d'importants défis politiques et logistiques, ainsi que des liens historiques et culturels profondément ancrés entre le peuple palestinien et la bande de Gaza. Je pense que seul un parti judéo-arabe à la tête d'Israël, en partenariat total et avec une représentation équitable, sera en mesure de concrétiser une vision acceptable de la paix entre Israéliens et Palestiniens. Je continue à soutenir une solution à deux États, mais je reste ouvert à toutes les idées qui respectent les droits de l'homme de tous les Palestiniens et Israéliens, Arabes et Juifs. Je pense que le parti Together We Succeed que je suis en train de créer avec le musulman israélien Drar Amreh offre la voie à suivre.

Oui, malgré tous les obstacles, je continue de croire que la paix est possible et je n'abandonnerai jamais l'espoir parce que ce n'est pas ma nature et que ce n'est pas une option. La détermination et l'endurance qui m'ont permis de créer mes entreprises me renforceront dans ma quête de la paix. Je prendrai tous les risques, comme je l'ai fait tant de fois auparavant, parce que je crois au vieil adage : « Plus grand est le risque, plus grande est la récompense ». La plus grande récompense serait la paix au Moyen-Orient.

Chaque être humain mérite une chance de vivre dans la paix et la joie. Mais cela n'est pas possible dans une zone de guerre ou à la suite de plans qui ne sont pas soutenus par les populations ou les gouvernements de la région. Croyance, détermination et joie. Rappelez-vous, ce sont les secrets de la réussite que j'ai décrits au début de mon histoire. Je crois en la possibilité de la paix et je reste déterminé à assurer un avenir dans lequel la joie est possible pour tous les habitants de cette région. Il est temps d'écrire un nouveau chapitre de l'histoire israélo-palestinienne, et j'ai l'intention de contribuer à l'écrire. Benjamin Franklin a dit un jour : « Il n'y a jamais eu de bonne guerre ni de mauvaise **paix** ». Allons-y et construisons une bonne paix au Moyen-Orient.

www.ingramcontent.com/pod-product-compliance
Lightning Source LLC
Chambersburg PA
CBHW060411130626
46555CB00005B/2032